Gabriele Saliba

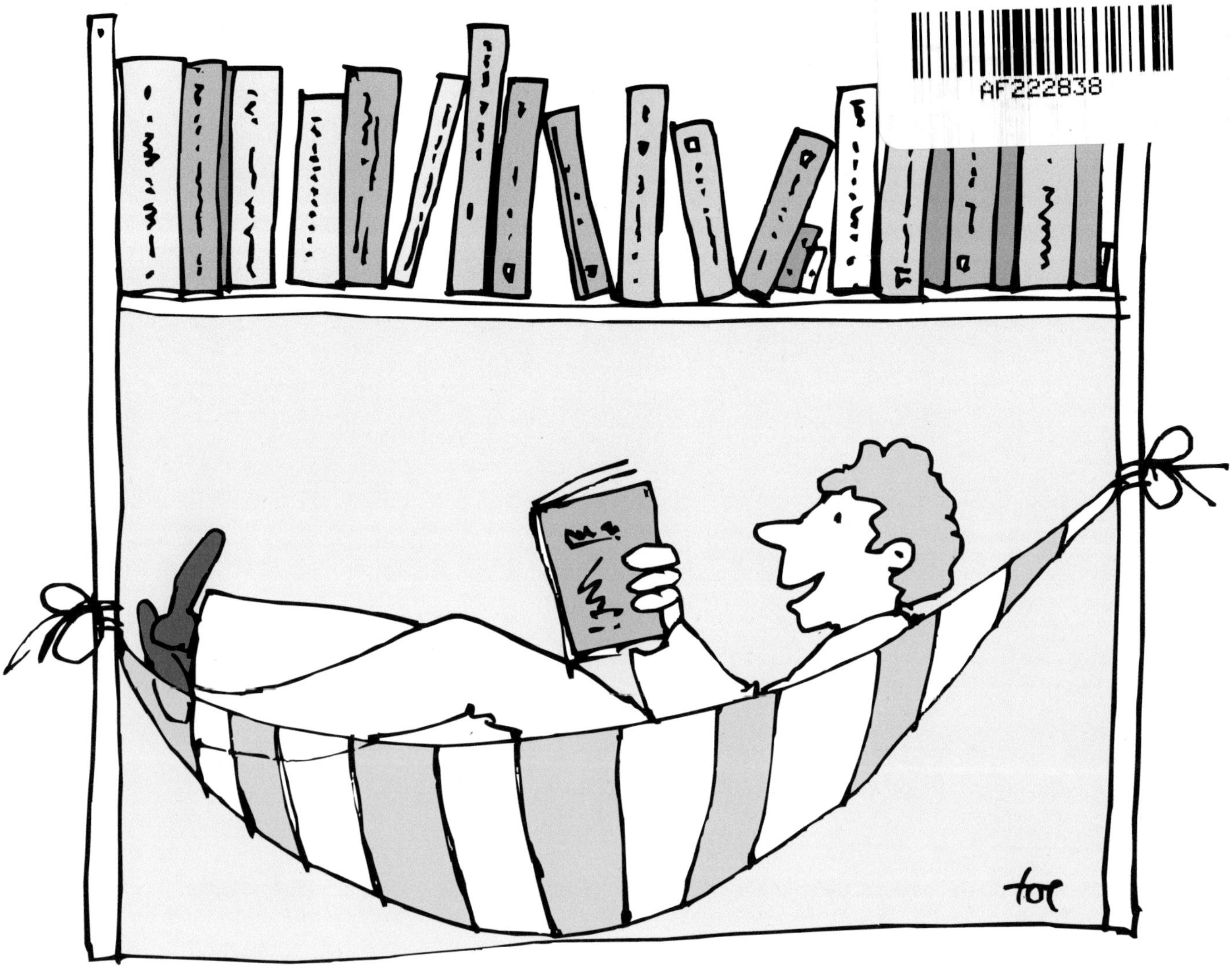

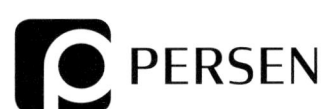

Lesekompetenz steigern

Band 2: Moderne Jugendliteratur

9783834437181

PERSEN

Die Autorin

Gabriele Saliba studierte Germanistik, Politik- und Erziehungswissenschaften. Viele Jahre unterrichtete sie Deutsch als Fremdsprache und war als Redakteurin in einem Zeitschriftenverlag tätig.

Heute arbeitet sie als freie Journalistin, Lektorin und Autorin mit dem Themen-Schwerpunkt Bildung und Schulbuch.

Gedruckt auf umweltbewusst gefertigtem, chlorfrei gebleichtem und alterungsbeständigem Papier.

4. Auflage 2019
© 2007 PERSEN Verlag, Hamburg
AAP Lehrerwelt GmbH
Alle Rechte vorbehalten.

Illustrationen: Joachim Kühn
Satz: Grafik-Design Joachim Kühn, joek.de
Umschlag: © Sergey Nivens - Fotolia.com

ISBN 978-3-8344-3718-1

www.persen.de

Inhalt

Kompetenzstufen:

Einfache Aufgaben

Aufgaben auf mittlerem Niveau

Anspruchsvolle Aufgaben

Diskussion

Wenn Kino im Kopf den Fernseher oder Computer verstummen lässt …

Lesen ist ein Abenteuer, das man immer und überall erleben kann. Und es macht schlau. Schade nur, dass es für viele Schülerinnen und Schüler mit Mühe verbunden ist und Lesen eher als lästige Pflichtübung empfunden wird. Das Fernsehen und der Computer wirken daneben so viel attraktiver. Hier wird man eher visuell gefüttert, das Entertainment mitgeliefert und die eigenen geistigen Aktivitäten werden zuweilen auf ein Minimum zurückgeschraubt. Nicht, dass man diese Medien gleich verteufeln sollte – man kann sie durchaus sinnvoll nutzen –, aber sie verhindern bei vielen Kindern und Jugendlichen das eigene lesende Entdecken der Welt. Mit dem Ergebnis, dass eine umfassend entwickelte Lesekompetenz auf der Strecke bleibt und Lesefrust sich einstellt.

Wie aber kann man Lesen als Schlüsselfertigkeit trainieren, wenn der Lustpegel der Schülerinnen und Schüler gen Null tendiert? Antwort: Mit Texten, die sich mit dem Alltag der jungen Leute beschäftigen, die spannend, abenteuerlich und fantastisch sind, die Gefühle ansprechen und auch provozieren. Texte, die zur Stellungnahme herausfordern, die das eigene Erleben widerspiegeln oder neue Erfahrungshorizonte eröffnen, in einer Sprache, die die Schülerinnen und Schüler packt.

Die ausgewählten Textauszüge schicken die Mädchen und Jungen auf ein Leseabenteuer. Sie wollen neugierig machen, die Lust am Weiterlesen wecken, ob es sich nun um Liebes-, Abenteuer- oder Fantasy-Geschichten handelt. Die Aufgabenstellungen zu den einzelnen Textkostproben fördern auf unterschiedlichem Schwierigkeitsniveau Leseverständnis und -kompetenz: Mit Multiple-Choice-Aufgaben, geschlossenen, halboffenen und offenen Fragestellungen nähern sich die Schülerinnen und Schüler dem Text.

G. Saliba: Lesekompetenz steigern, Bd. 2
© Persen Verlag

Dafür werden den Lesenden für eine systematische Textarbeit verschiedene Methoden der Texterschließung an die Hand gegeben und eingeübt:

- Verfahren zur ersten Orientierung
- Textsorte erkennen
- Sprache reflektieren
- die eigene Leseerfahrung beschreiben und einschätzen
- gezielt einzelne Informationen nutzen
- Vor- und Kontextwissen nutzen
- Texte genau lesen
- Texte mit eigenen Worten wiedergeben
- zentrale Aussagen des Textes erfassen und wiedergeben
- Leseergebnisse geordnet festhalten
- handelnd mit dem Text umgehen
- eigene Gedanken zum Text entwickeln, Stellung beziehen

Die Schülerinnen und Schüler begreifen schnell, dass die Texte weit über die erzählte Geschichte hinausreichen. Sie regen das eigene Reflektieren an – auch bei Abenteuer- und Fantasy-Geschichten. Sie zeigen, dass Lesen auch Handeln impliziert, wenn man das Erlesene im Alltag für sich umsetzt. Sie lernen, dass man durch das Lesen etwas mitnimmt, das weit über die konkrete Geschichte hinausgeht:

„Der wahre Zweck eines Buches ist, den Geist hinterrücks zum eigenen Denken zu verleiten."
Marie von Ebner-Eschenbach (1830-1916)

Das gilt noch heute. Denn Lesen eröffnet neue Horizonte, und frei nach Elias Canetti (1905-94) sind *„die Buchstaben wie Ameisen und haben ihren eigenen geheimen Staat"*.

Ihnen und Ihren Schülerinnen und Schülern wünsche ich viel Spaß beim Schmökern.

Gabriele Saliba

Bei der Ausländerpolizei

Karin begleitet ihren englischen Freund Paddy und seine Mutter Maureen zur Ausländerbehörde. Beide sprechen kaum Deutsch und Karin wenig Englisch. Und dennoch verständigen die drei sich mit einem witzigen Sprachmischmasch. Nicht so witzig ist allerdings das, was bei der Ausländerbehörde passiert …

Karin sah einen Mann mit einem Aktenstapel unterm Arm auf dem Gang entlanggehen.

„Darf ich Sie mal etwas fragen?", sagte Karin höflich. „Wir haben eine portugiesische Frau im Wartezimmer getroffen. Sie kann kaum Deutsch sprechen, und außerdem kann sie nicht lesen und schreiben. Kann ihr hier jemand helfen?"

Der Mann machte eine ungeduldige Bewegung. „Wenn die Leute nach Deutschland kommen, um bei uns ihr Geld zu verdienen, müssen sie dafür sorgen, dass sie mit unserer Sprache zurechtkommen. Wir sind hier kein Dolmetscher-Service. Sie muss das Formular mit nach Hause nehmen und sehen, dass sie dort jemanden findet, der es für sie ausfüllt. Wie ich die kenne, gibt es da sowieso mindestens zehn oder mehr so genannte Familienmitglieder in einer Wohnung. Ich habe keine Zeit. Wo kämen wir denn da hin, wenn wir denen auch noch die Formulare ausfüllen würden."

Karin war geschockt. Niyazi, ein Türke in ihrer Klasse an der Schule, hat einmal von der Ausländerpolizei erzählt, aber damals hatte sie nur gedacht, der Niyazi, der erzählt halt gerne. Sie ging zurück. Paddy was still beside the Portuguese woman, but there wasn't much he could do. "Well?", he asked Karin when she came back.

„Nee", sagte sie, „es gibt hier keinen, der sich um sie kümmern kann. So 'n Saftladen."

Die junge Frau lächelte Karin an. Karin lächelte zurück und zuckte mit den Achseln, um zu zeigen, dass sie ihr nicht weiterhelfen konnte. Mittlerweile war Maureen mit dem Ausfüllen fertig.
Eine ältere Frau nahm das Formular entgegen. „Frau Kunuhr also", sagte sie.

„O'Connor", korrigierte Maureen. „Der Name fängt mit dem ‚O' an. Es bedeutet Sohn von", erklärte sie freundlich.

„Interessiert mich überhaupt nicht, was was bedeutet. Keine Zeit dafür. Hier wird der Name unter C eingeordnet, und das O kommt hinten dran wie bei Goethe Komma von. Also, alle drei Kunuhr?"

„O'Connor bitte", Maureen lächelte, „und auch nicht alle drei."

„Mein Name ist Förster", sagte Karin. „Ich bin mitgekommen, falls sie meine Hilfe beim Übersetzen brauchen oder so."

G. Saliba: Lesekompetenz steigern, Bd. 2
© Persen Verlag

Das gefiel der Frau nun überhaupt nicht: „Junge Frau, wozu sind wir denn hier, wenn nicht, um unseren Besuchern zu helfen?" Karin wollte etwas über die Frau im Wartezimmer sagen, verkniff es sich dann aber doch. Paddy winked at her as if to say "Don't mind the old cow", but with his left eye, so that the old cow couldn't see. Karin smiled at him.

Die Frau überprüfte das Formular. „Hier fehlt was. Wie lange haben Sie vor, in Deutschland zu bleiben?"

Maureen, Paddy und Karin looked at one another. "Well Paddy, how long are we going to stay?" Maureen grinned.

„Kann man das nicht einfach freilassen, wenn man nicht genau weiß, wie lange?", fragte Karin.

„Das gibt es nicht, nicht wissen, wie lange man bleibt. Und etwas freilassen auf einem Formular, das gibt's schon gar nicht!"

„Und wenn man soundso lange sagt und dann später doch länger bleiben will, was dann?", wollte Karin wissen.

„Junge Frau, das hier ist kein Supermarkt, wo es egal ist, ob man zwei oder drei Dosen Aufenthalt kauft und überhaupt, mischen Sie sich nicht in Angelegenheiten ein, für die Sie nicht zuständig sind. Nun, los, ich kann nicht den ganzen Tag warten. Bleiben Sie länger als sechs Monate?"
„Wir wissen es nicht", antwortete Maureen.

„Ich schreibe jetzt sechs Monate", sagte die Frau, „und damit basta." Sie klang jetzt sehr ärgerlich: „Und nun hätte ich gerne Ihre Anmeldebestätigung, Ihre Verdienstbescheinigung und je ein Passbild."

Maureen was lost. „Anmeldebe…?"
„Ja, Anmeldebestätigung. Von der Polizei."

„Aber wir sind hier doch bei der Polizei!" Maureen looked to Karin for help, but Karin didn't seem to understand either.

„Sie müssen sich doch in Ihrem Bezirk auf Ihrer Meldestelle anmelden, bevor Sie zu uns kommen. Und ich nehme an, Sie haben auch keine Verdienstbescheinigung mit. Passbilder auch nicht, oder?" Sie schnalzte mit der Zunge und schrieb ganz groß auf einen Zettel:

Anmeldebestätigung
Verdienstbescheinigung
Je 1 x Passbild

„Kommen Sie wieder zurück, wenn Sie alles haben. Sie hatten hier aber heute wirklich noch gar nichts zu suchen. Reine Zeitverschwendung. Als wenn man nicht schon genug zu tun hätte!" Sie blickte angestrengt in ihre Papiere. Die drei gingen weg.

„So 'n Mist! Nun waren wir so lange in dem Saftladen, und was hat es gebracht? Nichts!" Karin war wütend. So ein Horrorhaus. Paddy was totally frustrated: "Will someone tell me what the hell is going on? Why did she send us away?"

Bei der Ausländerpolizei

1 Wen begleitet Karin zur Ausländerbehörde?
- ☐ Paddy
- ☐ Frau Kunuhr
- ☐ eine portugiesische Frau
- ☐ Frau Förster
- ☐ Maureen
- ☐ Niyazi

2 Wie lange wollen die O'Connors in Deutschland bleiben?
- ☐ ein Jahr
- ☐ unbestimmte Zeit
- ☐ sechs Monate
- ☐ länger als sechs Monate

3 Was erfährst du über den Mitarbeiter der Behörde?

4 Was unterstellt der Behördenmitarbeiter den Ausländern?

5 Was glaubst du:
1. Wie kommt er darauf?
2. Hat er damit Recht?

6 Warum ist Karin so wütend? Weshalb spricht sie von einem „Horrorhaus"?

7 Erkläre mit eigenen Worten:

Formular _____

Anmeldebestätigung _____

Verdienstbescheinigung _____

Bezirk _____

Meldestelle _____

8 Was ist die Aufgabe der Ausländerbehörde und der Ausländerpolizei? Informiere dich.

Welche Meinung hast du zur Ausländerpolizei?
1. Sammle Stichworte.
2. Diskutiert darüber anschließend in der Klasse.

G. Saliba: Lesekompetenz steigern, Bd. 2
© Persen Verlag

Der Überfall

Klassenreise – brutal: In einem einsam gelegenen Hotel an der mecklenburgischen Ostseeküste wird eine Schulklasse von einer Gruppe Skinheads überfallen …

„Nun macht schon", sagte Stuka und ging durch die in lockeren Gruppen dastehenden verängstigten Schüler, dabei klopfte er sich mit dem Stuhlbein auf seine Hosen.
Plötzlich blieb er stehen, zündete sich eine Zigarette an und brachte das noch brennende Feuerzeug ziemlich nahe an das Nasenloch von Peter Schirmer, einem Schüler, den man für einen Italiener halten könnte, weil er ziemlich dunkle Haut hat.
„Ich wette, du bist 'n Scheiß-Itaker."
Peter benahm sich ziemlich heroisch. Er versuchte, keine Miene zu verziehen, und schüttelte nur den Kopf.
Die Flamme kam näher.

Da sprang Frau Karst mit einer Gewandtheit hinzu, die mich erstaunte, und schlug Stuka auf den Arm. Das Feuerzeug fiel zu Boden und die Flamme erlosch.
Ich sah, wie in Rockys Gesicht ein breites Grinsen aufkam. „Muss immer vorpreschen, der Stuka", sagte er tadelnd, „immer so ungeduldig. Kann's nie abwarten."
Die beiden schienen nicht unbedingt Freunde zu sein. „Klaub dein Feuerzeug auf."
„Sie soll es aufheben."
„Du, hab ich gesagt", beharrte Rocky. Jetzt gehorchte Stuka. „Und im Übrigen", sagte Rocky mit einer widerlichen Selbstherrlichkeit, „verfährt man bei einer richtigen Selektion ganz anders."
„Selektion … was is 'n das?", erkundigte sich Stuka.
„Die Kanaken rausfinden", sagte Rocky.
„Also, alle mal herhören. Wir haben nichts gegen Deutsche, sofern es gute Deutsche sind, wozu ich Wessis nur sehr bedingt zähle … die müssten eigentlich ‚Plattmacher' hei-

ßen und alle selbst unter 'ne Straßenwalze gepackt werden. Wer sich aber wie ein anständiger Deutscher benimmt, hat von uns nichts zu befürchten. Also nennt uns die Kanaken in der Klasse und euch andere lassen wir abhauen."

„Ich bin 'ne Kanakin", sagte Frau Karst rasch.
„Und ich 'n Kanake", sagte ich und stellte mich Rücken an Rücken mit ihr.
Als Erste kam Ayşe und trat zu uns, dann Abu, Sirill, Antonio und Kamil, und als sie sahen, wie verblüfft Rocky und Stuka immer noch waren, kamen auch ein paar deutsche Kinder.
Es war offensichtlich für die Skins, dass nicht nur Ausländer bei uns standen.
„Ha", rief Stuka schadenfroh. „Und was machst du nun, Rocky?"
„Wenn ihr uns hier ölen wollt — wir können

auch anders", rief der. „Los, in Dreierreihen aufstellen. Aber 'n bisschen dalli. Ich werde euch schleifen, bis euch das Wasser im Arsch kocht. Kniebeuge ... und laut zählen dabei. Der Wichser und das Muttchen auch. Los, los und nicht mogeln dabei ... bis ganz runter ... und mit den Fingerspitzen den Boden berühren." Ich war vielleicht vierzigmal in die Knie gegangen, da kommandierte Rocky: „Halt!" Er ging eine Weile, das Stuhlbein immer noch in der Hand, auf und ab. Unerwartet blieb er vor mir stehen und fragte: „Wie viel Schüler hast du in der Klasse?" Es hatte keinen Zweck, darauf nicht zu antworten. „Fünfundzwanzig", sagte ich.

„Mal durchzählen." Man kam nur auf dreiundzwanzig. „Und die zwei andren?", fragte Rocky.
„Krank", sagte Frau Karst, ehe ich den Mund auftun konnte.
„Wo?", fragte Stuka und trat ganz nahe an sie heran.
„Oben in ihren Schlafräumen."
„Krank gibt's nicht. Du gehst sie runterholen, Franse", befahl Rocky. „Sag ihnen, das sei Appell."
Dieser Franse setzte sich in Bewegung. Die Treppe führte draußen vom Vorraum aus in den ersten Stock. Ein paar Augenblicke später standen die beiden Jungen im Pyjama und noch schlaftrunken unter uns mit angetreten.

Rocky ging großspurig durch die drei Reihen und tippte hin und wieder mit dem Finger einem der Mädchen oder Jungen auf die Brust. Dann baute er sich wieder vor uns auf und befahl: „So, die ich angetippt habe, vortreten."
Er hatte sich keineswegs nur die Ausländer ausgesucht. „Mich täuscht da niemand", brüstete er sich gegenüber Stuka in einem Tonfall, als empfehle er ihm, sich ein Beispiel

daran zu nehmen. „Ich gehe ganz dicht an ihnen vorbei, und wer nach Knoblauch riecht, wird selektiert. Jeder Ausländer riecht anders, aber am sichersten, wenn du dich noch nicht so genau auskennst, ist der Knoblauchdunst."
Ich drehte mich kurz um, weil in der Reihe hinter mir aufgeregt geflüstert wurde. Es waren Nemed und Matthias.
Auch Rocky hatte es bemerkt und rief: „Schnauze halten im Glied ... sonst setzt's was."

Er wandte sich wieder Stuka zu, der offenbar weiter belehrt werden sollte.
„Tja", fuhr Rocky fort, „im Zweifelsfall müssen die Männer die Hosen runterlassen, damit ich sehen kann, wer beschnitten ist und wer nicht."
„Und die Weiber?"
„Das erzähl ich dir nachher mal ... unter vier Augen", antwortete Rocky mit einer widerlichen Lache.
Da klingelte es.
„Geh und mach auf, der Schlüssel steckt", befahl Rocky Ballermann. „Das wird Glatze mit der Jauche sein."
„Na endlich was zu trinken", sagte Stuka.
„Wollt ihr euch nun besaufen oder wollen wir Ausländer abklatschen?", fragte Franse.
„Franse, der Abstinenzler", sagte Rocky spöttisch.
„Der Führer hat auch nicht getrunken", erinnerte Franse.

Der Überfall

1 Schreibe zu jedem Wort, was es bedeutet.

ölen _____

_____

schleifen _____

_____

Jauche _____

_____

abklatschen _____

_____

Abstinenzler _____

_____

2 Welche Bedeutung ist im Text gemeint? Woran erkennst du sie?
Schreibe es dazu.

3 Aus der Sicht welcher Figur wird die Geschichte erzählt?

4 Was machen die Skins mit der Klasse?

5 Was erfährst du im Text über die Skins (Verhalten, Sprache, Aussehen, Einstellungen)?

6 Für wen hält Stuka den Peter Schirmer?
Erkläre warum.

Der Überfall

7 Wovor müssen sich die sogenannten „anständigen Deutschen" nicht fürchten?
Wie sollten sie sich benehmen, wenn es nach Rocky ginge?

8 Was hältst du davon, dass sich einige Lehrer und Schüler freiwillig
als „Kanaken" meldeten?

9 Rocky hat ein genaues Bild von einem Ausländer.
Schreibe Stichworte dazu auf.

10 Wer/was sind Skins?
Sammle möglichst viele Informationen dazu:
z.B. in Büchern, im Internet, in Zeitungen.
Fertige ein Informationsblatt dazu an.

11 Spielt die Szene in der Klasse nach.
1. Wie fühlt ihr euch in der jeweiligen Rolle?
2. Sprecht anschließend in der Gruppe darüber.

12 Wie könnte die Erzählung weitergehen? Schreibe es auf.

 Diskutiert in der Klasse:
1. Wie hättet ihr euch verhalten?
2. Wie sollte man mit Skins generell umgehen?
3. Wie gehen wir mit Ausländern um?

G. Saliba: Lesekompetenz steigern, Bd. 2
© Persen Verlag

Die letzte Nacht

Georg hat seinen Vater kaum gekannt. Er starb als Georg vier war. Elf Jahre später hält Georg einen Abschiedsbrief seines Vaters in der Hand ...

Jetzt kannst du diesen Gruß von mir beiseitelegen. Jetzt bist du mit Leben an der Reihe.

Ich komme morgen ins Krankenhaus. Das ist mein wichtiger Termin. Und danach wird Mama dich in den Kindergarten bringen.

Auch das muss ich schreiben. Und ich muss hinzufügen: Ich kann nicht versprechen, dass ich jemals wieder in den Humlevei zurückkehren werde.

Georg! Ich habe eine letzte Frage: Kann ich sicher sein, dass es nach diesem kein anderes Dasein mehr gibt? Kann ich davon überzeugt sein, dass ich nicht irgendwo sein werde, wenn du diesen Brief liest? Nein, ganz sicher kann ich nicht sein. Denn wenn die Welt existiert, dann sind die Grenzen des Unwahrscheinlichen bereits überschritten. Verstehst du, wie ich das meine?

Ich bin schon so satt vom Staunen darüber, dass es eine Welt gibt, dass ich keinen Platz für noch mehr Staunen habe, wenn es sich herausstellen sollte, dass es danach noch eine Welt gibt.

Ich weiß noch, dass wir vor zwei Tagen ein paar Stunden mit einem Computerspiel totgeschlagen haben. Vielleicht habe ich dieses Spiel besonders genossen, ich brauchte unbedingt eine Ablenkung von meinen vielen Gedanken. Aber immer, wenn wir in diesem Spiel „starben", dann tauchte sofort ein neues Spielfeld auf und wir konnten wieder loslegen. Woher wollen wir wissen, ob es nicht auch für unsere Seelen so ein „neues Spielfeld" gibt? Ich glaube es nicht, wirklich nicht. Aber der Traum vom Unwahrscheinlichen hat einen eigenen Namen. Wir nennen ihn „Hoffnung".

AN DIESE NACHT DRAUSSEN AUF DER TERRASSE KANN ICH MICH ERINNERN!
Die hat sich in meinem Rückenmark festge-setzt. Sie ist in mein Herz eintätowiert. Und als ich jetzt darüber las, lief es mir mehrere Male eiskalt den Rücken hinunter.
Bisher hatte ich das alles so gut wie verges-sen, jedenfalls hätte ich nie wieder an diese Sternennacht gedacht, wenn ich nicht darü-ber gelesen hätte, aber jetzt konnte ich mich fast zu deutlich an sie erinnern. VIELLEICHT IST DAS DIE EINZIGE ECHTE ERINNE-RUNG, DIE ICH AN MEINEN VATER HABE.

Und ich wusste, dass Papa krank war! Aber er wusste nicht, dass ich es wusste. Mama hatte mir das Geheimnis anvertraut. Sie sagte, Papa müsse vielleicht ins Kranken-haus und sei deshalb so traurig. Ich glaube mich zu erinnern, dass sie es mir an diesem Nachmittag gesagt hatte. Vielleicht war ich deshalb aufgewacht, vielleicht konnte ich deshalb nicht schlafen.

Jetzt erinnerte ich mich deutlich an die lange Raumfahrtnacht mit meinem Vater, draußen auf der Terrasse. Ich glaube, ich hatte begrif-fen, dass mein Papa uns vielleicht verlassen würde. Aber vorher wollte er mir noch etwas zeigen.

Und dann – es läuft mir auch jetzt, beim Schreiben, über den Rücken –, während wir durch den Weltraum reisten, brach Papa plötzlich in Tränen aus. Ich wusste, warum er weinte, aber er wusste nicht, dass ich es wusste. Deshalb konnte ich nichts sagen. Ich musste einfach mucksmäuschenstill dasitzen. Was jetzt passieren würde, war zu gefährlich, um darüber zu reden.

Aber das ist noch nicht alles: Seit dieser Nacht habe ich immer gewusst, dass auf die Sterne am Himmel kein Verlass ist. Sie kön-nen uns jedenfalls vor nichts retten. Auch die Sterne am Himmel müssen wir eines Tages verlassen.

Als Papa und ich zusammen durch den Welt-raum segelten und er plötzlich in Tränen aus-brach, begriff ich, dass auf der ganzen Welt auf nichts Verlass ist.

Nachdem ich die letzten Seiten des Briefes gelesen hatte, ging mir endlich auf, warum ich mich immer so für den Weltraum inter-essiert hatte. Mein Vater hatte mir dafür die Augen geöffnet. Er hatte mich gelehrt, von allem, was uns hier unten beschwert, hoch-zuschauen. Ich war schon ein kleiner Hobby-Astronom gewesen, als mir das noch längst nicht bewusst gewesen war.

Hier kannst du weiter-lesen

Jostein Gaarder

Das Orangen-mädchen

14

Die letzte Nacht

1   Markiere am Rand des Textes:
    Was ist ein Auszug aus dem Brief?
    Was sind Georgs Gedanken dazu?

2   Warum schrieb der Vater einen Brief an Georg?

3   Womit setzt sich Georgs Vater auseinander?
    Was ist seine zentrale Frage?

4   Welche Botschaft des Briefes findest du besonders wichtig?

5   An welche Ereignisse erinnert sich Georg?
    Schreibe Wichtiges in Stichworten.

6   Wovon wusste Georg, sein Vater aber nicht?

7   Wofür hatte der Vater ihm die Augen geöffnet?

8   Wie hättest du dich verhalten, wenn du deinen Vater weinen sehen würdest?

9   Wie nennt der Vater den „Traum vom Unwahrscheinlichen"?

10 Was meint Georg mit dem Satz:
    *Seit dieser Nacht habe ich immer gewusst, dass auf die Sterne
    am Himmel kein Verlass ist.*

   Was denkst du:
    Gibt es für unsere Seelen auch ein „neues Spielfeld"?
    Diskutiert darüber in der Klasse.

Fabrik statt Schule

Ein junger Dorfschullehrer in Afrika ist verzweifelt: Seine Schüler kommen nicht in die Schule. Statt zu lernen gehen sie lieber in die Fabrik …

„Bedenke, sie sind noch nicht an den regelmäßigen Schulbesuch gewöhnt. Vielleicht nehmen sie dich nicht ernst, du bist zu jung, fast könnte man dich für einen Jugendlichen halten. Für sie muss Wissen von einem erfahrenen Mann, einem weißbärtigen Greis gelehrt werden, einem Mann, der zu den Bäumen und

Tieren sprechen kann. Du warst zu lange in der Stadt und hast dein Dorf vergessen. Unsere Kinder entwischen uns. Sie sind wie der Wind, sie wehen dort, wo man sie nicht erwartet. Vor nicht allzu langer Zeit warst du selbst noch ein Kind. Ich kann mich an dich erinnern, du hattest wache Augen und einen so dürren Körper. Immer jagtest du hinter den Schmetterlingen her. Hast du denn im Ernst geglaubt, du könntest in diesem verlorenen Nest, in dem nicht eine einzige Blume blüht, einen Schmetterling erhaschen? Jaja, wir haben dich Schmetterlingskind genannt! Du warst niedlich, und dann bist du eines Tages weggegangen, in die Stadt. Ich weiß nicht, was sie dort mit dir gemacht haben, was du gelernt hast. Wir sind froh, einen Rückkehrer als Schulleiter für unsere Kinder zu haben, ja wir sind froh …"

„Genau, ich bin ja wiedergekommen, weil ich mein Dorf liebe und ihm nützlich sein will. Doch weshalb kommen die Kinder nicht zur Schule?"

„Ach, die Schule! Nennst du diese Ruine eine Schule? Du hast ja nicht mal eine Tafel."

An dem Tag, an dem kein einziges Kind mehr zum Unterricht erscheint, nehme ich schließlich mein Fahrrad, fahre ein bisschen im Kreis herum und mache mich auf die Suche nach den Kindern. Ein leichter Wind wirbelt den Sand auf. Meine Augen sind voll gelbem Staub. Ein zehn- oder elfjähriger Schäferjunge zeigt mit dem Finger auf ein Gebäude am Horizont. Ich kenne es nicht. Der Junge sagt mir, er ginge auch gerne in jenes weiße Haus, finde aber niemanden, der auf die Schafe aufpasst.

„Was ist denn das für ein Gebäude?"
„Es ist wie ein riesengroßes weißes Haus ohne Fenster. Mit vier Mauern aus Stein und einem Dach aus Metall. Es ist größer als die Moschee, aber es hat kein Minarett."
„Und was geschieht in diesem Haus?"
„Da drin verdient man Geld."
„Und womit?" „Das weiß ich nicht. Alle, die dort hineingehen, kommen mit Geld wieder heraus. Ich habe noch nie Geld gehabt. Sogar die Schafe zieht es zu diesem weißen Haus. Eines Tages werde auch ich morgens da hineingehen und abends mit Geld wieder herauskommen. Ich glaube, dann bleibe ich nicht hier, dann ziehe ich in die Stadt.

Dort kann man für Geld alles haben. Hier gibt es nur Wind und Staub. Ich verbringe meine Zeit damit, Tiere zu zählen. Jedem Schaf verpasse ich einen Namen. Das dickste Schaf habe ich ‚weißes Haus' genannt. Nur leider ist es schwarz!"

Die Tür des Gebäudes ist geschlossen. Ich drücke sie mit Gewalt auf. Ein Wächter bedroht mich mit einem Knüppel. Ich weiche zurück und warte ab. Dann biete ich ihm ein paar Zigaretten an, und er lässt mich hinein. Ich betrete einen Gang, und am Ende stoße ich auf einen Saal, in dem etwa hundert Kinder weiße und schwarze Lederstücke vernähen. Ganz hinten sitzt ein Dutzend sehr junger Mädchen an Nähmaschinen. Meine Schülerinnen und Schüler sind unter ihnen. Sie fertigen Fußbälle oder Turnschuhe. An den Wänden hängen Werbeplakate, die einen riesigen schwarzen Sportler beim Start zeigen. Das Markenzeichen erinnert an einen schwungvollen weißen Strich auf schwarzem Hintergrund. Was bedeutet dieser Strich? Ein kopfloser Vogel, ein ausgerissener Fuß, eine Welle oder einfach ein schlecht gezeichneter Pfeil? Ich weiß es nicht. Da steht: „Der Sportschuh des dritten Jahrtausends — Mut zum Siegen". Welcher Sieg denn? Kinder arbeiten lassen, sie von der Schule wegbringen, um sie auszubeuten, weil sie arm sind und sich nicht wehren können?

Die Kinder arbeiten still und schnell, mit gesenkten Köpfen. Die fertigen Produkte werden von einem weißen Boss getestet und dann in Kartons verpackt. Ich trete näher. Der Boss ist erstaunt und sagt: „Ich nehme an, du bist der Lehrer?"

„Ja."

„Hier hast du nichts zu suchen."

„0 doch. Ich bin auf der Suche nach meinen Schülern."

„Deine Schüler sind lieber in meiner Werkstatt als in deiner Schule. Hier verdienen sie wenigstens Geld. Die Schule bringt ihnen nichts. Es ist ja noch nicht mal eine richtige Schule, es ist eine Moschee. Deine Schüler haben Recht, wenn sie abhauen."

„Aber es sind Kinder, Minderjährige, Sie dürfen sie nicht arbeiten lassen."

„Ich zwinge sie ja nicht. Aber du siehst selbst: Die ganze Klasse ist jetzt hier. Du könntest sie in der Mittagspause unterrichten. Denn ich gebe ihnen auch zu essen. In Amerika benutzen sie Maschinen. Hier machen wir noch gute Handarbeit. Das ist reißfest. Und jetzt hau ab!"

„Ich werde Sie verklagen."

„Na klar. Was glaubst du eigentlich, wo wir hier sind? In Schweden?"

„Die Wahrung der Menschenrechte ist keine Frage des Ortes. Kinderarbeit ist verboten, ob in Schweden, Mali oder Marokko."

„Das reicht. Jetzt haust du ab, oder ich polier dir die Fresse."

„Ich erinnere Sie an Artikel vier der Erklärung der Menschenrechte: Niemand darf in Sklaverei oder Leibeigenschaft gehalten werden; Sklaverei und Sklavenhandel in allen ihren Formen sind verboten. Haben Sie das gehört? In allen ihren Formen! Kinderarbeit ist Sklaverei. Die steht gesetzlich unter Strafe."

„Hau jetzt ab, oder ich schlag dir den Schädel mit diesem Knüppel ein. Wir brauchen hier keine Moralapostel. Fordere sie doch auf, mit dir zu gehen. Ich wette, dass kein Kind seinen Platz verlässt. Also mach, dass du wegkommst."

> *Kinderarbeit ist Sklaverei!*

Fabrik statt Schule

1 Wer ist der Ich-Erzähler?

2 Was erfährst du über ihn?

3 Warum kommen die Kinder nicht zur Schule?

4 Wo sind die Kinder? Warum?

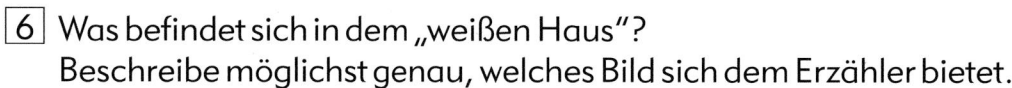

5 Wie kommt der Erzähler ins „weiße Haus"?

6 Was befindet sich in dem „weißen Haus"?
Beschreibe möglichst genau, welches Bild sich dem Erzähler bietet.

7 Wieso hat der Schäferjunge das dickste Schaf „weißes Haus" genannt?

8 Was sagt der Boss zum Lehrer?
Unterstreiche im Text.

9 Warum will der Boss den Lehrer hinauswerfen?

10 Wie beschreibt der Erzähler das Markenzeichen? Was vermutest du dahinter?

11 Erkläre mit eigenen Worten:
Sklaverei
Sklavenhandel
Leibeigenschaft

12 Schreibe auf, was im Artikel vier der Erklärung der Menschenrechte steht.

 Warum sagt der Lehrer, dass Kinderarbeit Sklaverei ist?
Diskutiert darüber in der Klasse.

G. Saliba: Lesekompetenz steigern, Bd. 2
© Persen Verlag

Familien-Konzert

Erwachsenwerden ist gar nicht so einfach. Besonders, wenn der eigene Vater in London eine neue Familie gründet. Alex, der Erzähler, ist stinksauer! Erst recht, weil sich seine Eltern vor den Augen seiner Freunde so dämlich verhalten. – Hätte er doch bloß Eltern wie sein Freund Danny …

Da ich wegen der Hauptprobe in der Schule bleiben muss, treffe ich meine Mutter nicht mehr vor dem Konzert. Aber an Dannys Gesicht merke ich, dass sie den Saal betreten hat.

Ich schaue mich um und sehe als Erstes die Eltern von Danny. Sie sind richtige Althippies und früher tat er mir leid deswegen. Aber das hat sich geändert. Seine Mutter trägt ein knöchellanges, schlabberiges Kleid aus den Sechzigerjahren, das über und über mit Blumen bedruckt ist, und ihr Haar fällt wie ein graubrauner Bach über ihren Rücken. Sein Dad trägt verwaschene Jeans, die so abgetragen und knitterig sind, dass sie aussehen wie Elefantenhaut. Seine Haare hat er zu einem Pferdeschwanz gebunden. Aber im Vergleich zu meiner Mutter und ihrer Begleitung sehen sie beruhigend normal aus.

Ich ziehe meinen Kopf ein wie eine Schildkröte, die von einem Hund angegriffen wird, und stelle plötzlich fest, dass diese verstaubte Redensart „Ich wünschte, der Boden würde sich vor mir auftun und mich verschlingen" auf eine fürchterliche Art zutreffend ist. Wenn Wünsche wahr werden könnten, würde ich mir wünschen, überall auf der Welt zu sein, nur nicht hier.

In meinem Kopf höre ich die Stimme meiner Mutter sagen, sie habe sich ja solche Mühe gegeben, sich für diesen Abend zurechtzumachen. Ob für ihren neuen Typ oder um Mandy zu beeindrucken, weiß ich nicht und

ist mir auch egal. Ich weiß nur eins: Sie ist aufgedonnert wie ein schräges Model.

„Scharf, wer ist denn diese Tussi?", fragt der Saxofonspieler neben mir.

„Halt die Klappe, Spatzenhirn", zischt Danny.

„Schon gut, das ist meine Mutter", flüstere ich und der Junge unterdrückt ein Kichern.

„Ist das dein Dad?", fragt er weiter.

„Nein …", antworte ich genervt. So eine blöde Frage. Meine Mutter würde sich doch nicht wie eine Seemannsbraut ausstaffieren, wenn sie mit meinem Vater hier wäre.

Meine Mutter stakst auf unglaublich hohen Absätzen durch den Saal. Ihre Strümpfe haben eine Naht und auf ihrem blonden Haar sitzt ein lächerlicher Hut. Sie sieht aus, als käme sie direkt aus *Bugsy Malone*. Das kommt davon, wenn man sich mit Schauspielern abgibt.

Mandy und Dad kommen fast gleichzeitig mit Mum an. Sie setzen sich auf die entgegengesetzte Seite des Saals. Mandy verrenkt sich den Hals, um einen Blick auf meine Mutter zu erhaschen. Ich habe das Gefühl, dass alle sie anstarren. Die Hälfte der Leute erkennen sie wahrscheinlich gar nicht, weil sie ganz anders aussieht als früher. Als sie ihr Jackett auszieht, muss ich die Augen zukneifen, um mir den Anblick ihrer knapp sitzenden Spitzenbluse und ihres grässlichen Dekolletés zu ersparen.

„He! Ich kenne den Typ von deiner Mutter", sagt der Junge neben mir. „Er spielt in *Killers* einen Polizisten. Echt cool."

Danny und ich sehen uns an. Ich muss ständig daran denken, dass sämtliche Leute, die nicht gerade meine Mutter anstarren, diesen Seth McElroy anstarren und überlegen, woher sie ihn kennen.

Kein Wunder, dass ich dann miserabel spiele, obwohl ich normalerweise ziemlich gut bin auf meinem Saxofon. Einmal komme ich völlig aus dem Konzept und spüre den scharfen Blick des Dirigenten auf mir, während ich versuche, den Takt wiederzufinden. Das könnte mein letzter Auftritt mit dem Orchester sein, was mir allerdings egal wäre, falls meine Mutter beabsichtigt, mit ihrem Schnösel noch weitere Aufführungen zu besuchen.

Nach dem Konzert stehen die Eltern von uns Musikern hinten im Saal herum, während wir unsere Instrumente einpacken. Ich brau-

che eine Ewigkeit, die Spucke aus meinem Saxofon zu putzen, und vermeide es, meine Mutter anzusehen. Ein paar Mädchen aus der ersten Klasse und dieser hässliche Typ mit X-Beinen und Brille scharen sich um Seth McElroy, wedeln mit Blättern, die sie aus ihren Schulheften herausgerissen haben, und betteln um Autogramme.

Danny und ich tauschen wieder Blicke aus. Das Gute an einem besten Freund ist, dass man sich manchmal auch ohne Worte verständigen kann. Unsere Blicke sind eindeutig. Wo ist der Kotzkübel? Diese Kinder sehen sich anscheinend jeden Mist im Fernsehen an. Ich finde, Seth McElroy sieht nach nichts Besonderem aus, gesehen habe ich ihn jedenfalls noch nie. Er ist eher kurz geraten und hat angeklatschtes, dunkles Haar und einen Dreitagebart. Er trägt einen seriösen Zweireiher mit Nadelstreifen und einen Gangsterhut. Er und meine Mutter kommen sich anscheinend vor wie Bonnie und Clyde.

Ich kann es nicht fassen, dass sie nicht wie die anderen Eltern in Jeans und Anorak gekommen sind. Ich bin stinksauer, und als meine Mutter mit einem Kussmund zu mir herüberstakst und mich umarmen will, reiße ich mich wie ein schlecht erzogener Hund von ihrer Hand los.

G. Saliba: Lesekompetenz steigern, Bd. 2
© Persen Verlag

Familien-Konzert

1 Welche Figuren kommen in der Erzählung vor?

2 Was erfährst du über diese Figuren. Markiere in verschiedenen Farben.

3 Wie fühlt sich der Ich-Erzähler beim Konzert?

4 Vergleiche die Elternpaare miteinander?
Schreibe Stichworte in die Tabelle.

Ich-Erzähler (Alex)	Danny

5 Wie denkst du über die Eltern?

6 Warum scharen sich ein paar Mädchen aus der ersten Klasse um Seth McElroy?

7 Stell dir vor, du wärst Alex. Wie würdest du dir das Auftreten der Eltern wünschen?

8 Wie könnte die Geschichte weitergehen? Schreibe es auf.

Mailen statt reden

Jungs sind immer wieder ein großes Thema zwischen den beiden Freundinnen Elise und Jenny. Die ticken so ganz anders. Es ist so verdammt schwer, sich richtig zu verhalten und zu sagen, was man denkt ...

„Na ja, macht nichts", lenkte Elise gnädig ein. „Ich versteh sowieso nicht, wieso du so ein Riesenproblem daraus machst. Überleg doch mal, wenn er wirklich so stinkreich wäre und die verrückte Alte, die ihren Hund so ausstaffiert, tatsächlich seine Mutter wäre, dann wäre er wahrscheinlich kein besonders toller Freund, oder?"
Jenny dachte nach. „Woher willst du das wissen?", fragte sie skeptisch. „Wie viele Freunde hattest du denn schon?"

Elise gab darauf nicht gleich eine Antwort. Jenny hatte ihren wunden Punkt getroffen. „Ehrlich gesagt hab ich irgendwie gedacht, dein Bruder würde vielleicht mein erster Freund werden. Aber da hab ich mich wohl geirrt."

Jenny schnaubte. „Das wäre doch sowieso nie gut gegangen. Du rauchst nicht und du trinkst noch nicht mal Kaffee."
Sie spürte, dass Elise am anderen Ende der Leitung lächelte, und das war ein gutes Gefühl.
„Jedenfalls glaub ich, du solltest aufhören, dir Leo so vorzustellen, wie er wahrscheinlich nicht ist, und einfach abwarten, ob du ihn so magst, wie er wirklich ist."

„Und wie geht es jetzt weiter ...?", fragte Elise. „Willst du ihn anrufen, oder was?"
Jenny stand auf und ging zu ihrem PC.
„Nein. Er mailt lieber." Sie setzte sich an den Schreibtisch. Ihr war eine Idee gekommen.

Sie würde sich selbst bei ihm einladen – sie war sich jetzt ziemlich sicher, dass er in der Kellerwohnung auf der 81. Straße wohnte. Die Mail diente als Vorwarnung. Sie würde endlich ein für alle Mal herausfinden, wer er war und wie er war ... ob es ihm passte oder nicht.
Sie klemmte sich den Telefonhörer zwischen Ohr und Schulter, klickte sich in ihr Mailprogramm und begann zu tippen.

„Und du glaubst echt, dass das mit Dan und mir nicht geklappt hätte?", hakte Elise nach. „Ich glaub, er hat ein Gedicht über mich geschrieben."
Jenny hätte ihr sagen können, dass ihr Bruder immer noch in Vanessa verliebt war und dass alle seine Gedichte in Wirklichkeit nur von Vanessa und ihm handelten, auch wenn er sich selbst vormachte, es ginge um jemand anderen.

G. Saliba: Lesekompetenz steigern, Bd. 2
© Persen Verlag

Sie hätte Elise auch sagen können, dass Dans „Ich bin ein armer gequälter Künstler"-Nummer sie nach ungefähr zehn Minuten ohnehin tödlich gelangweilt hätte.

Niemals sagte sie zerstreut und dann: „Entschuldige bitte, ich muss hier schnell was fertig schreiben."

„Kein Problem. Ich glaub, ich schick deinem Bruder auch eine Mail und sag ihm, was er für ein Arschloch ist."
„Mach das", stimmte Jenny ihr zu.

Beide Mädchen hieben mit Feuereifer in die Tasten und schickten nur noch ihr angestrengtes Schnaufen über die Telefonleitung.
Es ist immer ein gutes Gefühl, nicht ganz allein zu sein, wenn man jemandem eine bittere Wahrheit verklickern muss.

jungs zu mailen ist viel einfacher, als mit ihnen zu reden

Lieber Leo,

kann sein, dass das jetzt komisch klingt, aber ich hab irgendwie voll das Gefühl, dass du mir was verheimlichst. Ich weiß auch nicht. Ich mag dich echt sehr, und ich glaub, dass du mich auch magst. Aber wieso hast du mich dann noch nie mit zu dir nach Hause genommen? Ich weiß jetzt, wo du wohnst, und hab mir überlegt, dass ich morgen um sechs bei dir vorbeikomme. Ich glaub, bis dahin bist du vom Spaziergang mit Daphne zurück. Also gut.

Bis morgen dann.

Jenny

Lieber Daniel,

erstens finde ich es ganz schön mies von dir, so mit mir zu spielen, obwohl du ganz genau weißt, dass ich jünger bin und weniger Erfahrung hab als du, und zweitens solltest du echt aufpassen, bevor du jemandem das Herz brichst, weil du dich an den Scherben böse schneiden könntest. Außerdem merkt doch jeder, dass du immer noch in das erste und einzige Mädchen verliebt bist, das doof genug war, mit dir zusammen zu sein. Das musste deine Schwester mir noch nicht mal sagen – du bist so leicht zu durchschauen wie Pauspapier. Ha! Siehst du, ich kann auch poetisch sein. Mach mir das erst mal nach, Arschloch!

Deine Nicht-Freundin und schärfste Kritikerin

Elise

Mailen statt reden

1 Welche beiden Mädchen sprechen am Telefon miteinander?

_____

2 Worüber sprechen sie?

_____

3 In wen ist Elise verliebt? Was erfährst du über ihn?

_____

4 Wieso glaubt Jenny, dass ihr Bruder nicht Elises Freund wird?

_____

5 Wer ist Jennys Freund? Was erfährst du über ihn?

_____
_____

6 Was will Jenny herausfinden?

_____
_____

7 Welches Problem hat Jenny mit ihrem Freund, welches Problem hat Elise?

_____
_____

8 Warum schreiben beide Mädchen eine Mail?
Was wollen sie den beiden Jungen sagen? Notiere Stichworte.

Jenny	Elise

G. Saliba: Lesekompetenz steigern, Bd. 2
© Persen Verlag

Mailen statt reden

9 Wie hättest du die Probleme gelöst?

_____

_____

_____

10 Schreibe selbst einen Brief/eine Mail an einen Jungen/an ein Mädchen.
Thema: Was ich dir schon immer einmal sagen wollte.

Eine Mail schreiben oder miteinander reden?
Finde Argumente für beide Seiten.

Mailen ist leichter, weil	Miteinander reden ist leichter, weil

Pizza-Boy –
zum Fressen gern?

Billy und Paula reisen mit ihrem knallroten VW-Bus „Lipstick" von Kanada bis nach Mexiko. Auf ihrer abenteuerlichen Reise lesen sie in Kanada den Wolfshund Dusty auf und schon haben sie jede Menge Aufregung an der Backe …

Der Pizza-Boy stand völlig erstarrt im Türrahmen und wurde durch den Aufprall von Dusty aus dem Gleichgewicht geworfen. Er taumelte rückwärts, ließ die Pizza fallen und stürzte auf die Veranda hinaus. Beide Hunde warfen sich über ihn.

Ich erwischte Dusty am Schwanz, riss ihn zurück und wirbelte ihn wie einen Sack herum. Zwischen seinen Zähnen hing ein Stück von der weißen Schürze des Pizza-Boys. Ich ließ Dusty gegen das Verandageländer fliegen und er krachte schwer auf die Bretter, duckte sich, zeigte mir die Zähne und knurrte mich an. Hinter mir hatte Steve seine Inka am Kragen gepackt und warf sie ins Wohnzimmer, während sich Paula und Jeannie um den kleinen Italiener kümmerten, der zu Tode erschrocken am Boden kniete und am ganzen Leib zitterte, während er „Mamma mia, diese Bestien haben mich gebissen!", schrie.

Ich durfte mich von Dusty's Knurren nicht beeindrucken lassen. Jetzt hatte ich die Möglichkeit, ihm ein für alle Mal klarzumachen, wer hier der Leitwolf war. Ich packte ihn mit beiden Händen im Nackenfell. Er versuchte, nach mir zu beißen. Mit aller Kraft drück-

te ich ihn gegen den Boden und schrie ihn wütend an: „Pizza-Boys sind harmlose Geschöpfe, du verdammter Idiot! Was bildest du dir eigentlich ein! Du kannst hier nicht einfach einen Pizza-Boy anfallen. Wenn der Junge das meldet, bist du geliefert! Kopfschuss! Aus!"
Dusty klemmte den Schwanz zwischen seine Hinterbeine und schaute mich an, als hätte er tatsächlich begriffen. Ich ließ ihn los. Er blieb am Boden liegen. Erst als ich von ihm wegging, drehte er sich um, kam auf die Beine und trottete mit eingeklemmtem Schwanz ins Haus hinein, wo Steve mit der Inka eine furchtbare Auseinandersetzung hatte.

Ich kümmerte mich um den Pizza-Boy, der vor Paula und Jeannie eine unheimliche Schau abzog und sich am Boden wand, wie ein Fußballspieler, der einen Elfmeter schinden will. Paula und Jeannie fielen natürlich darauf herein und streichelten ihn und trösteten ihn und das wollte er so lange wie möglich auskosten. Ich kenne das. Meine Mutter ist Italienerin und ich habe da einiges vererbt bekommen. Ich war in meiner Jugend ein berüchtigter Elfmeterschinder gewesen. Das sagte ich ihm auf Italienisch.

„Komm Freund, zieh keine Schau ab. Du hast keinen Kratzer abgekriegt, und wenn du Lust hast, kannst du am Abend herkommen und wir trinken ein Glas Chianti zusammen und reden über Fußball."
Er wurde schnell ruhiger. Ich half ihm auf die Beine. Er taumelte ein bisschen und ich musste ihn eine Weile stützen. Herkommen wollte er natürlich nicht mehr, solange die Bestie im Haus wäre. Aber wenn wir ihm die Schürze und vielleicht ein kleines Schmerzensgeld zahlen würden, könnte er die Sache schon vergessen. Außerdem hätten wir vielleicht ein bisschen Marihuana im Haus und das sei ihm lieber als kalifornischer Chianti.
Wir gaben ihm zehn Dollar. Außerdem mussten wir natürlich die völlig zertrümmerte Pizza bezahlen und eine neue bestellen, die wir aber selbst abholen mussten.

Das Schlimme an der Sache war nicht, dass wir ein schlechtes Geschäft gemacht hatten. Das Schlimme war, dass Dusty uns erst jetzt zeigte, was wirklich in ihm steckte. Er war ein Halbwolf. Unberechenbar. Vielleicht sogar gefährlich. Die Paula war natürlich noch viel mehr geschockt als ich. Dass Dusty so mir nichts, dir nichts wie ein Blitz aus heiterem Himmel einen Menschen anfallen würde, das hatte sie sich nie gedacht.
In den ersten drei Monaten hatte sich Dusty eigentlich recht gut gehalten. Wir sahen in ihm nicht mehr das Raubtier. Er gab nämlich schön Pfötchen. Außerdem hatte er sich von Carmen und Ricky betätscheln lassen, ohne zu knurren. Er achtete auch auf verschiedene Kommandos und war eigentlich nur dann unzugänglich, wenn er einen gefüllten Fressnapf in der Nähe wusste. Dass er den Pizza-Boy angriff, lag aber bestimmt nicht an der Pizza. Auch nicht an der Nase des Pizza-Boys. Es war klar für uns, dass er den Pizza-Boy als Eindringling betrachtet hatte

und sich irgendwie bedroht fühlte. Das war völlig normal für einen Hund. Auch für einen Halbwolf. Und er zeigte uns danach auch, dass er unser Verhalten nicht verstehen konnte.
Wir waren alle ziemlich durcheinander und wussten nicht so recht, was wir jetzt eigentlich tun sollten. Oder tun mussten.

„Du musst es ihm beibringen", sagte die Paula natürlich zu mir. „Du bist der Leitwolf."
„So? Und wie stellst du dir das eigentlich vor?", fragte ich ein wenig verärgert. „Soll ich von heute an nur noch auf allen vieren durch die Gegend spazieren und mit ihm aus dem gleichen Napf fressen? Nein, mein Schatz! Und ich kann ihm auch nicht dauernd hinterherlaufen und ihn am Genick packen, wenn er etwas tut, was Wölfe eben im Allgemeinen tun. Nein, mein Schatz! Ich glaube nicht, dass ich von heute an darauf verzichte, ein Mensch zu sein, nur weil ich dir einen Wolf zum Geburtstag geschenkt habe. Entweder lernt er, sich wie ein anständiger Hund zu benehmen, oder er kann meinetwegen dorthin gehen, wo der Pfeffer wächst."
Du musst Geduld haben mit ihm. Er kann in der kurzen Zeit, die er bei uns ist, unmöglich wissen, wie er sich zu verhalten hat. Er hat zum ersten Mal im Leben einen Pizza-Boy gesehen."
„Er wird auch irgendwann zum ersten Mal einen Kaminfeger sehen. Und einen Straßenbahnschaffner. Und er wird jeden Tag neue Menschen sehen und der Teufel soll ihn holen, wenn er jedes Mal verrückt spielt."

Hier kannst du weiterlesen

Werner J. Egli
Heul doch den Mond an

Pizza-Boy – zum Fressen gern?

1. Zu wem wurde der Pizza-Boy gerufen?

2. Was hat den Pizza-Boy zu Tode erschreckt?

3. Warum zog der Pizza-Boy eine Schau ab?

4. Wer ist Dusty? Was erfährst du über ihn?
   Notiere Stichworte.

5. Warum hatte Dusty den Pizza-Boy angefallen?
   Markiere im Text.

6. Was bedeutet: *Er kann meinetwegen dorthin gehen, wo der Pfeffer wächst.*
   Erkläre mit eigenen Worten.

7. Weshalb sagt Paula: *Du musst es ihm beibringen. Du bist der Leitwolf.*

8. Welche Verantwortung haben Billy und Paula mit dem Halbwolf übernommen?
   Wie denkst du darüber?

G. Saliba: Lesekompetenz steigern, Bd. 2
© Persen Verlag

9 Erkläre mit eigenen Worten:

Elfmeterschinder _____

_____

Marihuana _____

_____

Pizza _____

_____

Chianti _____

_____

Veranda _____

_____

10 Schreibe eine Zeitungsmeldung zu diesem Vorfall.

_____

_____

_____

_____

_____

_____

_____

_____

_____

_____

_____

Schattenland

Floor und Violet sind Schwestern, die wirklich alles miteinander teilen. Eines Tages verunglückt Floor schwer und liegt seitdem im Koma. Die ganze Familie eilt an ihr Krankenbett. Jeder für sich versucht auf seine Weise, mit dieser Situation fertig zu werden. Dabei kommt es auch zu unerwarteten Gefühlsausbrüchen …
Auch Violet ringt um Fassung und denkt: Ohne dich bin ich doch nur halb!

Floor schwimmt in ihrem Traum. Sie kann ihre Arme und Beine wieder bewegen – nicht wirklich, das weiß sie, aber es fühlt sich doch so an: ein bisschen, als würde sie treiben, wie Seegras. Vielleicht kann sie das Licht suchen, sie hat Heimweh danach. Im Licht ist sie sicher. Dort sind keine Hände, die sie gefangen nehmen wollen. Sie greifen und ziehen und kneifen. Kreuzigen sie mit Schmerznägeln.
Sie: Das sind diejenigen, die sie nicht mehr lieben. Mams und Paps, Oma und Opa, sogar Violet. Sie sind böse auf sie wegen dem, was sie getan hat. Das ist ihre Strafe.
Floor versteckt sich immer tiefer in ihrer Haut. Tiefer in ihrem Schattenland. Ins Licht traut sie sich auf einmal nicht mehr. Das Dunkel verbirgt ihre Scham.

„Sie schläft", sagt Paps. „Damit könnte man es noch am ehesten vergleichen. Wenn sie wach ist, bewegen sich ihre Augen." Aber unabhängig voneinander, nicht zusammen, sodass es so aussieht, als würde Floor schielen. Sie bewegen sich auch, ohne dass Floor es will und ohne etwas zu sehen. Es ist einfach schaurig.

Paps steht mit Onkel Ivo am Monitor, der Floors Herzschlag registriert. Onkel Ivo ist Techniker. Er will alles wissen. Wozu diese Taste und jener Knopf dient. Und was all die Linien zu bedeuten haben, die auf dem Bildschirm erscheinen. Er zeigt unaufhörlich und fragt. Floor hat er den Rücken zugewandt.

Violet denkt an Tim, der damit gedroht hat, von der Brücke zu springen. Er ist nicht mitgekommen.
„Er muss lernen", beschönigt Oma. Tim muss in den Ferien für Geschichte eine Nachprüfung machen.
„Lernen? Das Wort kennt er gar nicht. Er hängt vor dem Fernseher", sagt Tante Puk. „Vor einem seiner beknackten Filme. Hauptsache, es hat mit Monstern und Folter zu tun. Je grauenerregender, desto besser. Er ist nicht normal, glaube ich."

G. Saliba: Lesekompetenz steigern, Bd. 2
© Persen Verlag

Opa runzelt die Stirn, und Oma wettert los. „Würdest du das auch sagen, wenn er hier im Sterben läge?" Sie streicht ein paar Falten in Floors Laken glatt. Ihre Hand bebt. Tante Puk ist rot angelaufen. „Aber er ist doch …", setzt sie an. Sie stockt, als Mams sie scharf unterbricht. „Floor wird nicht sterben."

Sie fängt wieder an zu massieren. Oma nimmt Floors anderes Bein. „Wir müssen jetzt los", sagt Tante Puk. Onkel Ivo nickt zerstreut, aber er bleibt stehen. „Die Autoschlüssel … Dann fahre ich eben allein", sagt Tante Puk giftig.

Auf einmal fällt Onkel Ivo ein, dass sie am Abend noch Besuch bekommen. Er wirft ein „Tschüss alle zusammen" in die Runde und kneift erst Floor und dann Violet kurz in die Wange. „Sag diesem Freund deiner Schwester, wie heißt er noch gleich?, dass er seine Arbeit nicht gut erledigt", sagt er zu Violet. „Er muss sie wachküssen. Oder kennen die Kinder heutzutage keine Märchen mehr?" „Die haben wahrscheinlich was Besseres zu tun", höhnt Tante Puk in der Tür.
Onkel Ivo schweigt und trottet hinter ihr her. Er sieht grün aus.

Das reicht dicke, um sich freiwillig vom Prinzen wieder in einen Frosch zu verwandeln, denkt Violet. Sie wünschte, sie wäre Floor, dann würde ihr das einfach so rausrutschen. Paps, der sich hinter Mams gestellt hat, legt seine Hände auf ihre verspannten Schultern. In ihren Augen glitzern Tränen. „Weshalb sind sie eigentlich gekommen?", fragt sie. „Sie würden besser wegbleiben, wenn sie sich so benehmen."
„Ach, du kennst sie doch", beschwichtigt Oma.

„Ja und? Ist es damit vielleicht gut?"
„Sie ist dumm, Edith", sagt Paps.
Oma fummelt wieder an Floors Laken herum.
„Sie meint es gut", sagt sie leise, ein bisschen traurig. „Du musst sie nehmen, wie sie ist. Du hast nur eine Schwester."
„Ein Grund mehr."
„Du bist die Ältere. Du bist immer die Verständigere von euch beiden gewesen …"
„Verdammt, Mama! Hör auf damit! Ich bin es dermaßen leid, schon seit Jahren. Ich will nichts mehr verstehen und vergeben. Sie war nie da, nie, wenn ich sie mal brauchte. Was mich betrifft – ich habe keine Schwester!" Sie redet wütend, unter Tränen. „Ihr habt sie immer verteidigt", sagt sie dann. Sie nimmt ihr Taschentuch und schnäuzt sich die Nase. Die Stille ist voller Stoßwellen.

Floor bewegt sich unruhig in ihrem Bett. Das Weiße in ihren Augen dreht hin und her. Oma sitzt aufgelöst daneben, hat sich in einer zu lockeren Haut zwischen ihren Falten verloren.
„Wir sollten Kaffee trinken", sagt Opa. „Ich habe gesehen, dass es Tiramisu gibt."
Er fasst Oma und Mams jeweils an einem

Ellbogen. Jetzt sind Violet und Paps allein bei Floor. Paps seufzt und presst Daumen und Zeigefinger gegen seine Augen.

„Lass es zwischen Floor und dir niemals so werden!", sagt er eindringlich. „Nein. Und zwischen dir und Mams nie so wie bei Onkel Ivo und Tante Puk."

Paps zwickt sie in den Nacken.

„Du willst sicher gern ein bisschen mit Floor allein sein", vermutet er. „Wegen all der Mädchengeheimnisse …"

„Was machst du solange? Gehst du auch in die Cafeteria?"

„Nein, ich muss mal ein bisschen allein sein und frische Luft schnappen."

Das wird schwierig, es weht kein Lüftchen."

„Aber in meinem Kopf herrscht mehr als genug Sturm." Er schüttelt ihn locker und zieht dabei eine Grimasse. „Los, Violet, lach doch mal!", fleht er.

Sie versucht es und bevor sie anfangen kann zu weinen, schlingt sie die Arme fest um ihn. „Es wird alles wieder gut", flüstert sie in seinen Pullover. „Ganz, ganz bestimmt."

Nach einem Kuss auf

Floors Haar und einem „Bis gleich" verlässt Paps das Zimmer, und Violet geht zum Fenster. Sie wischt sich eine Träne aus den Augen. Wie hoch es hier ist. Sie steht im siebten Stock, fast unter dem Dach. Die Menschen unten sind Zwerge. Sie gehen langsam und in Gedanken versunken, oder sind sehr in Eile. Die Hände in den Taschen oder Blumen, einen Obstkorb, ein schüchternes Kind in den Armen. Dort läuft ein frisch gebackener Vater mit einem Holzstorch unter dem Arm.

Und weiter hinten geht Paps. Er dreht sich um und schaut hoch. Violet winkt. Er winkt zurück und ein paar Meter weiter noch einmal. Dann springt er über eine Hecke und fängt an zu rennen.

Verrückt, denkt Violet. Genau wie Rik. Genau wie Floor. Als würde die Unruhe in den Zehen sitzen und nicht im Herzen. Man wird sie nicht los, selbst wenn man dreimal um die Welt laufen würde.

Träge kehrt sie zum Bett zurück und setzt sich auf die Kante.

G. Saliba: Lesekompetenz steigern, Bd. 2
© Persen Verlag

Schattenland

1 Wo spielt diese Szene?

2 Wer ist krank?

3 Wer sind Floor und Violet?

4 Was ist mit Floor?
- ☐ Sie schwimmt zwischen Seegras.
- ☐ Sie fantasiert.
- ☐ Hände greifen und ziehen an ihr.
- ☐ Sie hat Angst.
- ☐ Sie hat Heimweh nach ihren Eltern.

5 Welche Figuren sind im Raum? Schreibe ihre Namen auf.

6 Welche Beziehung haben sie zueinander?

7 Wie geht jeder von ihnen mit der Situation um? Werte.

8 Was erfährt man über Tim?
- ☐ Tim lernt gern.
- ☐ Er hat gedroht, von der Brücke zu springen.
- ☐ Er liebt Filme mit Monstern.
- ☐ Fernsehen interessiert ihn nicht.

9 Suche dir eine Aussage aus und erkläre sie mit eigenen Worten.
1. *Das reicht dicke, um sich wieder in einen Frosch zu verwandeln ...*
2. *Die Stille ist voller Stoßwellen.*
3. *Als würde die Unruhe in den Zehen sitzen und nicht im Herzen.*
4. *Aber in meinem Kopf herrscht mehr als genug Sturm.*

10 Wie verändert dieser Vorfall das Familienleben?
Welche Auswirkungen hat das auf jeden Einzelnen?

Was bedeutet Schattenland? Schreibe deine Vermutungen auf.
Besprecht sie anschließend in der Klasse.

Der Schönheitswettbewerb

Bella ist neu in der Klasse und Filip, der Erzähler, mag sie sehr. Sie ist so ganz anders als all die anderen Mädchen, denn mit Bella kann er nächtelang diskutieren. Richtig aufregend wird's jedoch, wenn Bella sich für die Rechte der Frauen einsetzt …

An einem Tag im April hatten wir Klassenratssitzung. Wir nahmen also unsere demokratischen Rechte wahr. Das sah dann meistens so aus, dass Harry uns die neuen Schikanen präsentierte, die sich die Lehrer gegen Graffiti und Schmierereien in der Schule überlegt hatten. Meistens endete es damit, dass sie uns eine kollektive Putzstrafe aufbrummten. Theoretisch sollten dadurch die Täter bei ihren Mitschülern unter Druck geraten. In der Praxis sah es so aus, dass die Mädchen den Jungs hinterherputzten, weil die, kaum waren sie an der Reihe, ihren Putzjob schwänzten. Trotzdem waren wir auch an diesem Tag schnell beim Tagesordnungspunkt „Sonstiges" angelangt, als Madeleine sich unverhofft meldete.

„Wir haben eine Idee. Weil dies doch unser letztes gemeinsames Schuljahr ist, haben wir uns mit ein paar Leuten aus der Klasse überlegt, ob wir nicht zum Abschluss was Schönes machen." Sie sah in die Runde. „Und da dachten wir an einen Schönheitswettbewerb. Wir könnten ihn Ende Mai stattfinden lassen. Was meint ihr dazu?"

Ich duckte mich und wartete auf die Explosion, die nicht lange auf sich warten ließ.

„Hast du eben ‚Schönheitswettbewerb' gesagt?"
Bella starrte Madeleine an, die im ersten Moment zusammensackte, sich dann aber wieder aufrecht hinsetzte. Zum ersten Mal seit langem hatte Bella mal wieder auf etwas reagiert. Eine Zeit lang hatte sie sich erstaunlicherweise völlig zurückgezogen.
„Wir haben uns schon gedacht, dass du bestimmt etwas dagegen hast, aber es gehen ja noch mehr Leute in diese Klasse."
Als sie sich umsah, nickten einige zustimmend.

„Wir haben uns überlegt, dass wir eine richtige Misswahl aufziehen können, mit verschiedenen Outfits und dann einem kurzen Interviewteil, damit man nicht nur das Aussehen bewertet, sondern auch den Charakter", sagte Cecilia mit Blick auf Bella. Die hielt es kaum noch auf ihrem Platz, guckte ungläubig von einer zur anderen.

„Es werden acht bis zehn Kandidatinnen ausgewählt, worüber die ganze Schule abstimmen kann, und die Jury wird zum Beispiel von der SV gestellt", ergänzte Karolin.
„Das meint ihr doch nicht ernst?", sagte Bella und sah sich fragend um.
„Ich finde die Idee super", sagte Rikard. „Ich will unbedingt in der Jury sitzen."
„Also, das ist doch eine gute Idee", sagte Harry. „Wir hatten früher mal Modenschauen, aber einen richtigen Wettbewerb gab es noch nie! Das ist mal ganz was Neues!"

G. Saliba: Lesekompetenz steigern, Bd. 2
© Persen Verlag

Bella stöhnte.

„Bei den Wahlen zur Miss World in Indien gab es etliche Proteste, weil die Frauen dort zu westlichen Sexobjekten gemacht werden. Ein Mann hat sich angezündet und mehrere Frauen haben gedroht, Blausäure zu schlucken."

„Aha", sagte Madeleine. „Dann kannst du ja hier diesen Part übernehmen."

Nein, nein, nein, dachte ich. Hört jetzt um Himmels willen auf.

„Sie haben gegen die Schönheitsindustrie protestiert, die sich immer mehr ausbreitet. Und das kann man doch nachvollziehen. Wenn es nach den Medien ginge, sehen bald alle Frauen auf der Welt aus wie Barbie."

Bella wurde von Hanna unterbrochen.

„Ich würde sagen, wir stimmen darüber ab, ob wir diesen Vorschlag der SV vorlegen. Viel Zeit bleibt uns ja nicht mehr", sagte sie.

„Okay", sagte Lena, die die Sitzung leitete. „Wer von euch ist für den Schönheitswettbewerb?"

Die Mehrheit reckte die Hände in die Luft. Dagegen stimmten Bella, Lena, Sven, noch ein paar andere und ich.

„Okay, dann gehe ich damit zur SV", sagte Lena und erklärte die Sitzung für geschlossen. Wir gingen in die Pause.

„Meine Güte, wo bin ich bloß gelandet? Damit hätte ich im Leben nicht gerechnet! Ein Schönheitswettbewerb! Der ultimative Beweis, dass wir uns von der Schönheitsindustrie versklaven lassen und dass Mädchen kein Hirn brauchen, solange sie hohe Absätze tragen."

Bella stand vor unserem Klassenraum und schäumte vor Wut.

„Ich muss die Idee auf jeden Fall bei der SV-Sitzung vorstellen", sagte Lena seufzend. „Es ist ja noch gar nicht sicher, dass die den Vorschlag unterstützt."

Ich ging an den beiden vorbei, weshalb ich die Fortsetzung ihrer Diskussion verpasste. Jenny und ihre Freundinnen hatten so oft Misswahlen, die im Fernsehen übertragen wurden, runtergemacht, dass ich zwangsläufig eine Meinung in dieser Angelegenheit hatte. Selbst wenn es angeblich hieß, dass es nicht nur ums Aussehen ginge, war das doch nur ein Alibiargument und im Grunde war das auch allen klar. Es war nur vorgeschoben, weil niemand zugeben wollte, dass es nur um gut aussehende Frauen und kommerzielle Interessen geht. Die Fragen, die man den Kandidatinnen im Laufe des Wettbewerbs stellte, waren so dämlich und die Antworten so vorhersehbar, dass einem schlecht werden konnte.

„Und was machst du, wenn du gewinnst?"

„Kleine Biber vor dem Hungertod retten."

Unglaublich! Und jetzt würde unsere Schule Schauplatz eines solchen Kasperletheaters sein!

Warum lassen eigentlich Mädchen oder Frauen ihr Aussehen von einer Jury bewerten? Vielleicht war das doch gar nicht so erstaunlich. Wenn Bella nun Recht hatte, dass Frauen sich nur gut schminken müssen, um voranzukommen, dann ist ja jeder Tag ein Schönheitswettbewerb, und eine Misswahl zu gewinnen ist dann so etwas wie ein Grand Slam.

Der Schönheitswettbewerb

1 Was wird auf der Klassenratsitzung besprochen?
☐ ein Putzjob für die Mädchen
☐ Lehrer, die Graffiti gut finden
☐ Veranstaltung zum Abschluss des Schuljahres
☐ dass Harry alle schikaniert

2 Wie soll der Schönheitswettbewerb aussehen?
Markiere im Text.

3 Welche Haltung hat Bella zu dem Schönheitswettbewerb?
Welche Argumente hat sie?

_____

_____

4 Wie reagieren die anderen darauf?

_____

_____

_____

_____

5 Was ist deine Meinung dazu?

_____

_____

_____

_____

6 Wie würdest du bei der Schülerversammlung abstimmen?
Begründe deine Meinung.

_____

_____

_____

_____

G. Saliba: Lesekompetenz steigern, Bd. 2
© Persen Verlag

Der Schönheitswettbewerb

7 Stimmt es, dass Frauen sich nur gut schminken müssen, um voranzukommen?
Was meinst du dazu?

_____

_____

_____

8 Erkläre mit eigenen Worten:

Outfit _____

_____

Interview _____

_____

Jury _____

_____

kommerziell _____

_____

Alibiargument _____

_____

Graffiti _____

_____

Grand Slam _____

_____

 Worum geht es aus deiner Sicht bei den Misswahlen?
Wie denkst du darüber?
Diskutiert in der Klasse.

Wochenendspiele?

Coll hat sich in Art verknallt und er sich in sie. Als ihr „Traumboy" sie zu einem Wochenend-Trip mit seiner Familie einlädt, ist sie zunächst hellauf begeistert. Doch Art will mehr als nur ein bisschen rumknutschen. Das geht nicht nur Coll gegen den Strich …

Fran hatte es sich auf dem Sofa bequem gemacht. In einer Hand hatte sie ein Weinglas, in der anderen eine Illustrierte. Im Hintergrund spielte Jazzmusik. Als wir eintraten, richtete sie sich auf, elegant wie ein Schwanenhals.

„Mrs Rowlands! Hi! Es freut mich sehr, Sie kennenzulernen! Hat Ihnen Colette von unserem …"
Ihre Stimme brach ab. Mum, die sie gar nicht beachtet hatte, steuerte den CD-Player an und drückte auf Stopp. Dann drehte sie sich um.
„Ja, sie hat mir von dem Wochenende erzählt. Und dass sie nicht gewusst hat, dass es dazugehörte, mit Ihrem Sohn zu schlafen."
Art war inzwischen heruntergekommen, er stand neben seinem Vater an der Tür. Es war komisch, ihn wiederzusehen. Selbst jetzt spürte ich dieses starke Verlangen nach ihm. Fran war etwas wacklig auf die Beine gekommen. Die drei wirkten wie ein Tribunal, wie sie Mum so entgegensahen. Aber Mum hatte die Rolle des Anklägers.
„Dazugehören?", sagte Ian. „Was, um Himmels willen, meinen Sie?"
„Ich meine, Sie laden sie fürs Wochenende ein und bieten ihr keine andere Möglichkeit als die, mit ihm zu schlafen. Sie richten ein Doppelbett für die beiden her."
Ian wollte es weglachen. „Nun hören Sie aber auf: Wir leben im zwanzigsten Jahrhundert. Art hat sie eingeladen, wir sind natürlich davon ausgegangen …"
„Sie sind davon ausgegangen. Sie haben das Mädchen nicht gefragt."
„Aber ich bitte Sie. Das ist doch seine Sache. Er lädt ein, wen er möchte, und es ist immer so, dass er mit …"
„Ich verstehe", unterbrach Mum mit Donnerstimme. „Er schläft immer mit seinen Gästen, nicht wahr? Ja, natürlich. Und da es nur zwei Schlafzimmer gibt, haben seine Gäste eben keine große Wahl."
„Mrs Rowlands", fing Fran mit ihrer Silberstimme an, „wirklich. Wir haben es als

selbstverständlich vorausgesetzt, dass sie … dass sie miteinander schlafen. Art hat sie eingeladen – es war seine Sache."
„Seine Sache. Ich verstehe. Und welche Entscheidungen überlassen Sie diesem siebzehnjährigen Jungen sonst noch?"
„Aber es wurde doch niemandem etwas aufgedrängt", sagte Fran. „Colette hat … sie hat sich für … sie hat unten geschlafen. Es gab doch keinen … Zwang." Und als sie das sagte, spürte man, dass ihr zum ersten Mal ein kleiner Zweifel kam.
„Keinen Zwang!", polterte Mum. „Das möchte ich aber auch schwer hoffen, dass es keinen Zwang gab. Aber es gab Kummer und Demütigung. Was Sie getan haben, war unverzeihlich! Sie haben meine Tochter einem unerträglichen Druck ausgesetzt, einer Situation, in der sie sich unnormal

G. Saliba: Lesekompetenz steigern, Bd. 2
© Persen Verlag

vorkommen musste – frigide, wie Ihr Sohn ihr zweifellos erklärt hat –, wenn sie nicht mit ihm ins Bett kroch. Und weil sie die Willensstärke hatte, sich nicht zu fügen, musste sie unten auf dem Sofa schlafen! Was für ein großartiges Wochenende! Hat sie denn was zum Frühstück bekommen, oder ist das nur für Mädchen gedacht, die bei Ihren Landhaus-Wochenendspielen mitmachen?!"

Mum musste Luft holen. Es war dringend nötig, sie atmete schwer. Ian nutzte die Gelegenheit und ergriff schnell das Wort.

„Hören Sie, Mrs Rowlands, kommen Sie nicht in mein Haus, um hier einen Haufen Unsinn abzulassen von wegen unerträglichem Druck und Spiele machen. In dieser Familie herrscht ein lockeres Verhältnis zum Thema Sex. So eine große Sache ist das nicht. Es ist etwas Natürliches, um Gottes willen. Es macht Spaß." Das letzte Wort sagte er mit leicht boshaftem Unterton, als könne er sich nicht vorstellen, dass jemand Spaß hätte beim Sex mit Mum. Aber sie ignorierte es. Sie war inzwischen wieder bei Atem.

„Nun, Mr Johnson, in diesem Punkt haben wir wohl unterschiedliche Ansichten. Ich halte Sex auf jeden Fall für eine große Sache. Ich finde, Sex ist in der Tat sehr wichtig."

„Oh, natürlich ist Sex wichtig – ha, niemand wird Sex höher bewerten als ich." Er versuchte ein beinahe kokettes Lachen. Es wirkte wie der Auftritt eines Partylöwen auf einem Staatsbegräbnis. „Natürlich ist Sex wichtig. Es gibt so viel zu lernen dabei …"

Kein gutes Argument. Mum zog jetzt sämtliche Register ihrer Empörung gleichzeitig. „Ah, ich verstehe. Er soll Sex also lernen? Viel Übung bekommen? Es soll eine Art von außerschulischem Betätigungsfeld für ihn sein? Wie ist das, steht es etwa nicht auf dem Stundenplan dieser teuren Schule, auf die Sie ihn schicken? Kricket, Badminton, Fechten und SEX? Das ist wahrlich ein Mangel. Sie müssen sich beim Direktor beschweren!"

Ian wich tatsächlich einen Schritt zurück,

als Mum ihm diese letzte Empfehlung entgegenschleuderte. Dann machte Fran den Mund auf und sagte tapfer: „Aber geht das nicht alles ein bisschen zu weit? Es tut mir leid, wenn wir … gedankenlos waren. Aber es hat doch niemand Schaden gelitten."

„Niemand hat … !? O doch! Meine Tochter hat Schaden gelitten. Und sie leidet noch jetzt. Zum Glück hatte sie den Mut, Nein zu sagen, bevor es zu einer noch tieferen Kränkung gekommen wäre. Und ich nenne es eine tiefe Kränkung, wenn man zum Sex gedrängt wird. Aber das werden Sie oder Ihr Sohn wahrscheinlich nicht verstehen."

Dann sprach sie ruhiger weiter: „Ihre Vorstellung von Sex stammt vielleicht von Hochglanz-Ansichtskarten – nichts als Spaß, Anzüglichkeit und Triebbefriedigung" – sie rissen die Augen auf – „aber ich sehe Sex anders. Es gehört nicht nur der Körper dazu, auch Gefühl und Verstand haben damit zu tun. Es bedeutet Verpflichtung, gegenseitige Achtung. Es ist mehr als Spielerei und Kitzel. Es ist mehr als SPASS." Mit diesem letzten Wort bezog sie den ganzen Raum in ihr vernichtendes Urteil ein, am meisten aber die drei Menschen, die vor ihr standen. Schweigen breitete sich aus. Der Wintergarten schien von der Gewalt ihrer Worte zu beben.

„Ich habe Ihnen nichts mehr zu sagen", schloss Mum. „Meiner Meinung nach haben Sie sich gefühllos verhalten, nicht besser als Zuhälter."

Wochenendspiele?

1 Schreibe alle Figuren auf, über die du etwas in diesem Text erfährst.
Beschreibe sie kurz.

Name	Kurzbeschreibung

2 Warum ist Colettes Mutter so aufgebracht?

3 Welche unterschiedlichen Einstellungen zum Sex haben Mrs Rowlands
und Mr Johnson?
Unterstreiche im Text und schreibe ihre Positionen dazu auf.

Mr Johnson	Mrs Rowlands

G. Saliba: Lesekompetenz steigern, Bd. 2
© Persen Verlag

Wochenendspiele?

4 Formuliere deine Meinung dazu.

_____

_____

_____

_____

_____

5 Wie bewertest du das Verhalten von Arts Eltern?

_____

_____

_____

_____

_____

Warum sagt Colettes Mutter, der Vater habe sich wie ein Zuhälter verhalten?
1. Schreibe deine Gründe auf.
2. Diskutiert anschließend in der Gruppe darüber.

_____

_____

_____

_____

_____

_____

_____

_____

_____

Das Jahrhundertkind

David Camden, geboren am 1. Januar 1900, ist ein Jahrhundertkind. Jahrhundert-Kinder werden immer dann geboren, wenn das Schicksal der Menschheit an einem seidenen Faden hängt ... David, ausgestattet mit besonderen Fähigkeiten, soll den abscheulichen Plan des Lord Belial und seines Geheimbundes „Kreis der Dämmerung" vereiteln. Eine Lebensspanne von genau einhundert Jahren hat er dafür Zeit. Nicht viel, wie David bald feststellen muss ... Sein Vater Geoffrey kann ihm nicht mehr dabei helfen.

Übrigens: Davids Abenteuer führen so ganz nebenbei durch die großen Ereignisse der Weltgeschichte.

Als Vater im Jahre 1897 als Handelsattaché nach Tokyo gegangen war, mochte er noch gedacht haben, auf der politischen Bühne der Welt etwas bewegen zu können. Insgeheim hatte er auch gehofft, diesen Lieblingsjünger Belials, Teruzo Toyama, aufzuspüren und unschädlich zu machen. Aber das war wohl der größte Trugschluss von allen gewesen. Nicht Toyama wurde gejagt, sondern Davids Vater. Während sich der japanische Logenbruder des Geheimzirkels als Kopf der Schwarzen Drachen bester Gesundheit erfreute, löschte er die Camdens

G. Saliba: Lesekompetenz steigern, Bd. 2
© Persen Verlag

an jenem 3. Januar des Jahres 1913 fast aus. Damals war ihm das misslungen, weil David den dunklen Meuchler besiegte, den – erst jetzt wurde ihm das klar – sein Vater für Negromanus gehalten hatte. Doch Davids Heldentat war nicht mehr als ein Aufschub gewesen. Der Kreis der Dämmerung besaß viel Geduld.

Mit Grauen las David von der Begegnung seines Vaters mit dem Schemen in der Westminster Abbey – wie sehr sich doch die Ereignisse glichen! Jetzt erst verstand er, was Geoffreys Depressionen ausgelöst hatte. In der Überzeugung, von Belial oder Negromanus aufgespürt worden zu sein, hatte er von diesem Tage an das erwartet, was in der zurückliegenden Nacht eingetroffen war. Das heißt, nicht ganz. David lebte noch.

Und an diesem Punkt begann der schwerste Teil des niederschmetternden Vermächtnisses: David war ein seiki no ko, ein Jahrhundertkind. Nein, nicht bloß ein Maskottchen, ein Symbol der Hoffnungen einer neuen Ära. Die Hebamme Suda hatte ihn als einen Menschen mit besonderen Gaben bezeichnet, und – wie könnte er das bestreiten? – die hatte er wirklich. Längst war er sich seiner Andersartigkeit bewusst, die weit über das weiße Haar hinausging. Fast täglich bediente er sich – völlig unspektakulär, für andere kaum erkennbar – dieser Fähigkeiten. Er tat es, wie gewöhnliche Menschen ihre Augen oder Ohren benutzten. Aber wenn dieser Teil der Prophezeiung stimmte, war dann nicht auch der andere wahr?

David zerbrach fast unter dieser Einsicht. Obwohl Vater immer nur halbherzig an die Bestimmung seines Sohnes geglaubt hatte, wollte er ihm diese doch nicht vor seiner Volljährigkeit verraten, empfahl einmal sogar, die Schatulle besser „in die Themse zu werfen", als das in ihr Eingeschlossene ans Licht zu lassen. Jetzt spürte David weshalb. Die Bürde seiner Aufgabe drohte ihn beinahe zu ersticken. Er wollte schreien, unterdrückte diesen unbändigen Drang aber, weil er das Auftauchen von Sir William oder irgendeines Dieners befürchtete. Was hätten sie ihm schon sagen, was ihm raten sollen? Bleib sitzen und genieße dein Leben?

Dieses Leben erschien David mit einem Mal so sinnlos wie Don Quichottes Kampf gegen die Windmühlenflügel. Der Kreis der Dämmerung verfolgte einen tödlichen Jahrhundertplan – und er, David, sollte diesen durchkreuzen? Er schüttelte ungläubig den Kopf. Wie sollte er das anstellen?

Das Jahrhundertkind

1 Welche beiden Parteien stehen sich gegenüber?

2 *Der Kreis der Dämmerung* will die Familie Camden auslöschen. Ist das gelungen?

3 Was ist in der letzten Nacht passiert?

  1. Welche Informationen gibt dir der Text?

  2. Welche Schlüsse ziehst du daraus?

4 Beantworte schriftlich:

  1. Was ist ein seiki no ko?

  2. Welche Aufgabe hat er?

5 Was ist das Besondere an David?

6 Was beunruhigt David?
  Erkläre mit eigenen Worten.

7 Stell dir vor, es hätte damals schon Handys gegeben .
  Was würde David in einer SMS an einen Freund schreiben?

8 Wer war Don Quichotte?
  1. Informiere dich.
  2. Was könnte das mit Davids Geschichte zu tun haben? Stelle Vermutungen an.

G. Saliba: Lesekompetenz steigern, Bd. 2
© Persen Verlag

Der Merlin

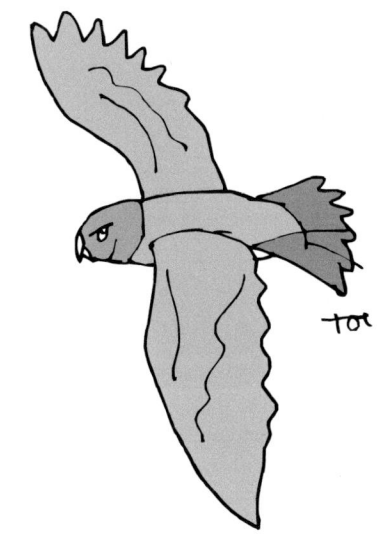

Der Erzähler, ein Junge mit übernatürlichen Kräften, ist auf der Suche nach dem Geheimnis seiner Herkunft. Auf Fincayra, einer Insel irgendwo zwischen dem Dies- und Jenseits, trifft er auf das seltsame Blätter-Mädchen Rhia. Kann sie ihm helfen, seine Geschichte, seinen berühmten Namen zu finden?

Plötzlich ertönte ein durchdringender Pfiff über meinem Kopf. Ich schaute hinauf und sah eine vertraute Gestalt auf einem der Äste.

„Ich glaub's nicht!"

„Ein Merlin", sagte Rhia. „Ein junges Männchen. Und schau nur: Sein Flügel ist verletzt. Ein paar Federn fehlen ihm." Sie verdrehte den Hals nach Falkenart und pfiff gleichfalls gellend.

Der Vogel hob den Kopf und pfiff zurück. Diesmal trillerte er ein wenig und nahm ein paar tiefere Töne in seine Melodie auf.

Rhia zog die Augenbrauen hoch und drehte sich zu mir um. „Er erzählte mir – und er drückte sich nicht gerade höflich aus –, dass du ihm vor einiger Zeit das Leben gerettet hast."

„Das hat er dir gesagt?"

„Stimmt es nicht?"

„Doch, doch, es stimmt. Ich habe ihn zusammengeflickt, nachdem er in einen Kampf geraten war. Aber wie hast du gelernt, mit Vögeln zu reden?"

Rhia zuckte die Schultern, als wäre die Antwort selbstverständlich. „Es ist nicht schwieriger, als mit Bäumen zu reden." Ein bisschen traurig fügte sie hinzu: „Das heißt, mit denen, die noch wach sind. Aber mit wem hat der Merlin gekämpft?"

„Ich konnte gar nicht glauben, dass er so viel Schneid hat. Oder so dumm ist. Er hat sich in einen Kampf mit zwei Riesenratten eingelassen, die mindestens dreimal so groß waren wie er."

„Riesenratten?" Rhia erstarrte. „Wo? In der Druma?"

Ich schüttelte den Kopf. „Nein, aber direkt am Rand. Bei einem kleinen Bach, der zwischen den Bäumen hervorkam."

Bedenklich schaute Rhia zu dem Merlin hinauf, der gierig an einer spiraligen Frucht pickte. „Killerratten auf unserer Seite des

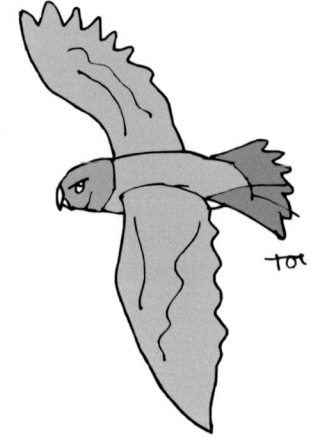

Flusses", murmelte sie kopfschüttelnd. „Es ist ihnen verboten, den Drumawald zu betreten. Zum ersten Mal höre ich, dass sie so nah gekommen sind. Dein Freund der Merlin hat vielleicht kein Benehmen, aber er hatte Recht, sie anzugreifen."

„Dieser Vogel kämpft einfach gern, wenn du mich fragst. Genauso gut hätte er mich oder dich angreifen können. Er ist nicht mein Freund."

Wie zum Gegenbeweis flog der Merlin von der Frucht herunter und landete auf meiner linken Schulter.

Rhia lachte. „Sieht aus, als wäre er nicht deiner Meinung." Nachdenklich betrachtete sie den Falken. „Weißt du, es ist möglich, dass er einen Grund hatte, zu dir zu kommen."

Ich schnitt eine Grimasse. „Der einzige Grund ist das gleiche Unglück, das mich überall verfolgt."

„Ich weiß nicht. Wie ein Unglücksbote kommt er mir nicht vor."

Hier kannst du weiterlesen

Barron, T.A.

Merlin. Wie alles begann

Barron, T.A.: **Merlin. Wie alles begann.** Aus dem Amerikanischen von Irmela Bender. © der deutschsprachigen Ausgabe: 1999 Deutscher Taschenbuch Verlag, München.

Der Merlin

1 Was ist ein Merlin?

2 Markiere mit verschiedenen Farben im Text:
  1. Warum wurde der Merlin verletzt?
  2. Welche Verletzungen trug er davon?
  3. Wo ist das passiert?
  4. Wer hat ihn verletzt?
  5. Wer hat ihm das Leben gerettet?

3 Was ist das Ungewöhnliche an Rhia?

4 Warum ist sie traurig?

5 Weshalb glaubt Rhia, dass der Merlin der Freund des Erzählers ist?
  1. Markiere im Text.
  2. Schreibe mit eigenen Worten auf.

6 Der Ich-Erzähler bekommt am Ende des Romans den Namen Merlin.
  Gibt es in diesem Auszug Hinweise darauf? Markiere im Text.

7 Begründe deine Meinung mit den entsprechenden Textstellen.

8 Suche im Internet heraus, was du über die Figur Merlins erfährst.

9 Zu welcher Art von Geschichten gehört dieser Textauszug?
  ☐ Liebesroman
  ☐ Fantasy
  ☐ Krimi
  ☐ Abenteuerroman

Ein ungeheuerlicher Hahn

*Von der alten Skalla erfährt der Knabe Lif,
dass er auserwählt wurde, das Menschen-
geschlecht zu retten. Er muss den Kampf
aufnehmen, gegen abscheuliche Kreaturen
und zahllose Ungeheuer …*

Auch Lif stieß einen Schrei aus und stolperte
ein paar Schritte rückwärts, als er das Ungeheuer sah, das plötzlich zwischen Baldur
und dem Feuerriesen stand.

Es war ein Vogel. Ein Hahn, aber größer als
ein Mann und seltsam buckelig und miss-
gestaltet. Sein Gefieder glänzte, als wäre es
aus Eisen, und war von rußbrauner, unange-
nehmer Farbe. Ein feuerroter Kamm glänzte
wie eine erstarrte Flamme auf seinem hässli-
chen Schädel, und aus seinen Augen starrte
unglaubliche Bosheit. Sein Schnabel, der
von Auswüchsen und Pusteln übersät war
wie der Rücken einer Kröte, schien kräftig
genug, selbst einen Mann wie Surtur mit
einem einzigen Biss zu töten. Kreischend vor

Wut richtete sich das Untier auf und begann
mit den Flügeln zu schlagen. Der Luftzug,
der Lifs Gesicht traf, war sengend heiß, und
unter den schrecklichen Krallen des Hahnes
zerbarst der Fels.

„Wer wagt es, meine Ruhe zu stören?",
schrie er mit einer Stimme, deren Klang Lif
einen eisigen Schauer über den Rücken laufen ließ. Seine kleinen, bösen Augen blitz-
ten, während sein Kopf mit abgehacktem
Rucken hierhin und dorthin pendelte und
er Surtur und Baldur anstarrte. Schließlich
schlug er abermals mit den Flügeln und trat
einen Schritt auf den Feuerriesen zu.

G. Saliba: Lesekompetenz steigern, Bd. 2
© Persen Verlag

„Du, Surtur?", krächzte er. Sein Schnabel klapperte. „Du brichst den Vertrag? Willst du, dass ich meine Stimme erhebe?"

Der Feuerriese wich einen weiteren Schritt zurück. „Nicht ich habe den Vertrag gebrochen!", verteidigte er sich. „Diese da waren es!" Er deutete mit seinem Flammenschwert auf Baldur. „Baldur, der Sohn Odins, und Eugel, der König der Schwarzalben! Gib sie heraus, und wir werden wieder gehen!"

Der Hahn drehte sich herum, legte den Kopf auf die Seite und starrte nacheinander erst Baldur, dann den Alben an. Lif schien er gar nicht zu sehen. Vielleicht schien er ihm auch der Beachtung nicht wert. „Baldur!", krächzte er. „Was suchst du hier? Und du, Eugel? Wisst ihr nicht, dass es allen Leben-den verboten ist, mein Reich zu betreten, gleich ob Alben oder Asen?"

„Es ist Surturs Schuld", sagte Baldur trotzig. „Er hat den Frieden gebrochen und wollte uns töten."

„Trotzdem hättest du nicht kommen dür-fen", fauchte der Hahn. „Du wirst mit dem Leben dafür bezahlen und deine Freunde auch."

Baldur hob das Schwert, was den Hahn dazu veranlasste, einen Laut auszustoßen, der beinahe wie ein Lachen klang. „Du willst kämpfen?", krächzte er. Plötzlich trat er einen Schritt vor, hob den Fuß und stieß Bal-dur zu Boden. Sein fürchterlicher Schnabel klappte auf. „Der Sohn des obersten Asen will mit mir kämpfen?", schrie er. „Er fordert mich, noch dazu hier, in meinem eigenen Reich? Hat die Furcht Odins zweitältestem Sohn den Verstand verwirrt, oder wollen die Asen, dass ich meine Stimme erhebe? Meine Brüder werden noch früh genug er-wachen."

„Es ist nicht seine Schuld!", sagte Lif hastig.

Der riesige Hahn sah auf. „Wer bist du?" krächzte er. „Was fällt dir ein, dich einzumi-schen, wenn die Unsterblichen miteinander reden?"

„Mein … mein Name ist Lif", antwortete Lif zitternd. Plötzlich war seine Kehle wie zuge-schnürt. „Diese beiden haben mir nur gehol-fen, aus Surturs Kerkern zu entkommen."

„Lif?" Der Hahn richtete sich auf. Sein Kopf ruckte herum. Einen Moment lang starrte er Surtur an, dann Baldur, dann wieder Lif. „So ist das also", krächzte er …

Ein ungeheuerlicher Hahn

1 Wer hat die Ruhe des Vogels gestört und warum?

_____

_____

_____

2 Wie sieht das Ungeheuer aus?
Markiere im Text.

3 Wer ist wer? Setze den richtigen Namen ein.

Vogel der Bosheit

```
┌─────────────────────┐
│                     │
│                     │
│                     │
└─────────────────────┘
```

Odins zweitältester Sohn

```
┌─────────────────────┐
│                     │
│                     │
│                     │
└─────────────────────┘
```

König der Schwarzalben

```
┌─────────────────────┐
│                     │
│                     │
│                     │
└─────────────────────┘
```

Feuerriese

```
┌─────────────────────┐
│                     │
│                     │
└─────────────────────┘
```

Ex-Gefangener in Surturs Kerker

```
┌─────────────────────┐
│                     │
│                     │
└─────────────────────┘
```

4 Finde heraus:

Wer gehört zu den Alben? _____

_____

Wer gehört zu den Asen? _____

_____

Wer ist unsterblich? _____

_____

G. Saliba: Lesekompetenz steigern, Bd. 2
© Persen Verlag

Ein ungeheuerlicher Hahn

5 Welcher Vertrag wurde gebrochen?

_____

_____

_____

6 Wer hat den Vertrag gebrochen?

_____

_____

_____

7 Wer soll mit dem Leben bezahlen und warum?

_____

_____

_____

8 Woran erkennst du, dass es eine fantastische Geschichte ist?

_____

_____

_____

9 Wer ist Odin?
   Du darfst ein Lexikon zu Hilfe nehmen.

_____

_____

_____

Eine seltsame Hochzeit

Artemis Fowl, trotz seiner 12 Jahre ein geni-
aler Meisterdieb, ist auf der Jagd nach dem
Feengold der Elfen, um die Ehre seiner Fa-
milie zu retten. Dieses Ziel verfolgend, sieht
er über das merkwürdige Verhalten seiner
Mutter hinweg …

Artemis … lief, zwei Stufen auf einmal
nehmend, die Treppe hinauf. Das Zimmer
seiner Mutter lag ein Stockwerk höher, im
ausgebauten Dachboden.

Vor ihrer Tür zögerte er. Was sollte er sagen,
wenn sein Vater tatsächlich auf wundersa-
me Weise zurückgekehrt war? Was sollte er
tun? Ach, es war lächerlich, sich deswegen
verrückt zu machen.
So etwas ließ sich
nicht planen. Er
klopfte leise.

„Mutter?"

Keine Antwort, aber
er meinte, ein Ki-
chern gehört zu ha-
ben, und fühlte sich
augenblicklich in
die Vergangenheit
zurückversetzt. Ur-
sprünglich war dies
das private Wohn-
zimmer seiner Eltern
gewesen. Stun-
denlang hatten sie
auf der Chaiselongue gesessen und wie die
Schulkinder herumgealbert, die Tauben gefüttert oder den Schiffen nachgesehen, die
in der Dublin Bay vorüberzogen. Nachdem
Artemis Senior verschwunden war, hatte Angeline Fowl sich immer häufiger dorthin zurückgezogen und sich schließlich geweigert,
den Raum wieder zu verlassen.

„Mutter? Ist alles in Ordnung?"

Gedämpfte Stimmen, verschwörerisches
Geflüster.

„Mutter, ich komme jetzt herein."

„Warte einen Moment. Timmy, lass das, du
Frechdachs. Wir bekommen Besuch."

Timmy? Artemis' Herz dröhnte wie eine
Trommel in seiner Brust. Timmy war ihr
Spitzname für seinen Vater. Timmy und Arty,
die beiden Männer in ihrem Leben. Er konn-
te nicht länger warten. Er stürmte durch die
Doppeltür.

G. Saliba: Lesekompetenz steigern, Bd. 2
© Persen Verlag

Das Erste, was er wahrnahm, war Licht. Seine Mutter hatte die Lampen eingeschaltet. Das war ein gutes Zeichen. Artemis wusste, wo er seine Mutter vorfinden würde. Er wusste genau, wohin er den Blick richten musste, aber er konnte es nicht. Was, wenn … ?

„Ja, was gibt es?"

Artemis wandte sich um, den Blick zum Boden gesenkt. „Ich bin's."

Seine Mutter lachte, heiter und sorglos. „Ich sehe, dass du es bist, Papa. Kannst du deinen Jungen nicht wenigstens eine Nacht in Ruhe lassen? Immerhin sind es unsere Flitterwochen."

Da begriff Artemis. Es war nur eine Steigerung ihrer Verrücktheit. Papa? Angeline hielt Artemis für seinen eigenen Großvater, der schon über zehn Jahre tot war. Langsam hob er den Blick.

Seine Mutter saß auf der Chaiselongue, strahlend in ihrem Hochzeitskleid, das Gesicht ungeschickt mit Schminke bedeckt. Doch das war nicht das Schlimmste.

Neben ihr saß eine Nachbildung seines Vaters, gebastelt aus dem Cut, den er an jenem glorreichen Tag vor vierzehn Jahren in der Christchurch Cathedral getragen hatte. Die Kleidungsstücke waren mit Seidenpapier ausgestopft, und im Kragen des Frackhemds steckte ein zusammengedrücktes Kopfkissen, das mit Lippenstift bemalt war. Es wirkte beinahe komisch. Artemis unterdrückte ein Schluchzen, als seine Hoffnungen sich auflösten wie ein Regenbogen im Sommer.

„Na, komm schon, Papa", sagte Angeline mit tiefer Bassstimme und bewegte das Kopfkissen wie ein Bauchredner seine Puppe. „Eine freie Nacht für deinen Jungen, einverstanden?"

Artemis nickte. Was hätte er sonst tun sollen? „Na gut, eine Nacht. Und morgen von mir aus auch. Seid glücklich."

Angelines Gesicht strahlte vor Freude. Sie sprang von der Chaiselongue und umarmte ihren Sohn, den sie nicht erkannte. „Danke, Papa, vielen Dank."

Artemis erwiderte die Umarmung, obwohl er sich dabei wie ein Betrüger vorkam. „Gern geschehen, Mu-, Angeline. Jetzt muss ich aber los, die Geschäfte warten."

Seine Mutter setzte sich wieder neben ihren unechten Ehemann. „Ja, Papa, geh ruhig. Wir zwei werden uns schon nicht langweilen."

Artemis ging, ohne sich noch einmal umzublicken. Es gab anderes zu tun. Zum Beispiel Elfen zu erpressen. Er hatte keine Zeit für die Fantasiewelt seiner Mutter.

Eine seltsame Hochzeit

1. Wen will Artemis Fowl aufsuchen?

2. Warum zögert er?

3. Wer ist bei Artemis' Mutter zu Besuch?
   ☐ der Großvater
   ☐ Timmy
   ☐ ein Bauchredner
   ☐ Angeline
   ☐ niemand
   ☐ Artemis' Vater

4. Wie sieht Artemis' Mutter aus?

5. Wer ist der unechte Ehemann?

6. Was war mit Artemis Vater passiert?

7. Für wen hält Angeline ihren Sohn?

8. Warum kommt Artemis sich wie ein Betrüger vor?

9. Artemis' Mutter verhält sich nicht normal. Wo könnten die Ursachen dafür liegen? Begründe deine Einschätzung.

10. Wie, glaubst du, fühlt sich Artemis?

G. Saliba: Lesekompetenz steigern, Bd. 2
© Persen Verlag

Lesen ist gefährlich!

In einer stürmischen Nacht taucht ein unheimlicher Gast bei Meggie und ihrem Vater Mo, dem „Bücherarzt", auf. Überstürzt flüchten die beiden zur Tante Elinor, die eine kostbare Bibliothek besitzt. Der beste Platz, um dieses seltsame Buch zu verstecken, das Meggies Mutter verschwinden und ein paar üble Gesellen auftauchen lies …

„Ich las ihr damals abends immer etwas vor."

„Du hast vorgelesen?"

„Ja. Jeden Abend. Deiner Mutter gefiel es. An diesem Abend suchte sie sich Tintenherz aus. Sie mochte schon immer abenteuerliche Geschichten, Geschichten voller Glanz und Finsternis. Sie konnte dir alle Namen von König Artus' Rittern aufzählen und sie wusste alles über Beowolf und Grendel, über alte Götter und nicht ganz so alte Helden. Piratengeschichten mochte sie auch, aber am liebsten war es ihr doch, wenn wenigstens ein Ritter, ein Drache oder wenigstens eine Fee vorkam. Sie war übrigens immer auf der Seite der Drachen. Von denen schien es in Tintenherz keinen einzigen zu geben, aber dafür Glanz und Finsternis im Überfluss und Feen und Kobolde … Kobolde mochte deine Mutter auch sehr: Brownies, Bucca Boos, Fenoderees, die Folletti, mit ihren Schmetterlingsflügeln, sie kannte sie alle. Also gaben wir dir einen Stapel Bilderbücher, machten es uns auf dem Teppich neben dir bequem und ich fing an zu lesen."

Meggie lehnte den Kopf gegen Mos Schulter und starrte die nackte Wand an. Sie sah sich selbst auf dem schmutzigen Weiß, so wie sie sich von alten Fotos kannte: klein, mit speckigen Beinen, die Haare weißblond (sie waren dunkler geworden seither), wie sie mit kurzen Fingern in großen Bilderbüchern blätterte. Wenn Mo erzählte, geschah das immer: Meggie sah Bilder, lebendige Bilder.

„Die Geschichte gefiel uns", fuhr ihr Vater fort. „Sie war spannend, gut geschrieben und bevölkert mit den seltsamsten Wesen. Deine Mutter liebte es, von einem Buch ins Unbekannte gelockt zu werden, und die Welt, in die Tintenherz sie lockte, war ganz nach ihrem Geschmack. Manchmal ging es sehr finster zu, und jedes Mal, wenn es allzu spannend wurde, legte deine Mutter den Finger an die Lippen und ich las leiser, auch wenn wir sicher waren, dass du viel zu beschäftigt mit deinen eigenen Büchern warst, um einer finsteren Geschichte zu lauschen, deren Sinn du ohnehin noch nicht verstanden hättest.

Draußen war es längst dunkel, ich erinnere mich, als wäre es gestern gewesen, es war Herbst, und es zog durch die Fenster. Wir hatten ein Feuer gemacht – die Schuhschachtel hatte keine Zentralheizung, aber einen Ofen in jedem Zimmer und ich begann mit dem siebten Kapitel. Da passierte es …"

Mo schwieg. Er blickte vor sich hin, als hätte er sich in den eigenen Gedanken verirrt.

„Was?", flüsterte Meggie. „Was passierte, Mo?"

Ihr Vater sah sie an. „Sie kamen heraus", sagte er. „Plötzlich standen sie da, in der Tür zum Flur, als wären sie von draußen hereingekommen. Es knisterte, als sie sich zu uns umdrehten – so als entfaltete jemand ein Stück Papier. Ich hatte ihre Namen noch auf den Lippen:

Basta, Staubfinger, Capricorn. Basta hielt Staubfinger am Kragen gepackt wie einen jungen Hund, den man schüttelt, weil er etwas Verbotenes getan hat. Capricorn trug schon damals gern Rot, aber er war neun Jahre jünger und noch nicht ganz so hager, wie er es heute ist.

Er besaß ein Schwert, ich hatte noch nie eins aus der Nähe gesehen. Basta hatte auch eins am Gürtel hängen, ein Schwert und sein Messer, während Staubfinger ..." Mo schüttelte den Kopf. „Nun, er hatte natürlich nichts als den gehörnten Marder dabei, mit dessen Kunststücken er sich seinen Lebensunterhalt verdiente. Ich glaube nicht, dass einer der drei begriff, was geschehen war.

Ich begriff es ja auch erst viel später. Meine Stimme hatte sie aus ihrer Geschichte rutschen lassen wie ein Lesezeichen, das jemand zwischen den Seiten vergessen hat. Wie sollten sie das begreifen?

Basta stieß Staubfinger so grob von sich, dass er hinfiel, und wollte sein Schwert ziehen, doch seine Hände, bleich wie Papier, hatten offenbar noch keine Kraft. Das Schwert rutschte ihm aus den Fingern und fiel auf den Teppich. Die Klinge sah aus, als klebte getrocknetes Blut daran, aber vielleicht war es auch nur das Feuer, das sich darauf spiegelte. Capricorn stand da und sah sich um. Ihm schien schwindelig zu sein, er taumelte wie ein Tanzbär, der sich zu lange gedreht hat.

Das hat uns vermutlich gerettet, zumindest hat Staubfinger das immer behauptet. Wären Basta und sein Herr schon ganz bei Kräften gewesen, so hätten sie uns vermutlich getötet. Aber sie waren noch nicht ganz angekommen in dieser Welt, und ich griff mir dieses abscheuliche Schwert, das

G. Saliba: Lesekompetenz steigern, Bd. 2
© Persen Verlag

zwischen meinen Büchern auf dem Teppich lag. Es war schwer, viel schwerer, als ich es mir vorgestellt hatte. Ich muss furchtbar lächerlich ausgesehen haben mit dem Ding. Wahrscheinlich habe ich es wie einen Staubsauger oder einen Stock umklammert, doch als Capricorn taumelnd auf mich zukam und ich ihm die Klinge entgegenhielt, blieb er tatsächlich stehen. Ich stammelte herum, versuchte ihm klar zu machen, was passiert war, obwohl ich es selbst nicht verstand, aber Capricorn starrte mich bloß an mit seinen wasserblassen Augen, während Basta neben ihm stand, die Hand an seinem Messer, und darauf zu warten schien, dass sein Herr ihm befahl, uns allen die Kehle durchzuschneiden."

„Und der Streichholzfresser?" Auch Elinors Stimme klang heiser.

„Der saß immer noch auf dem Teppich, wie betäubt und ohne einen Laut von sich zu geben. Um ihn machte ich mir keine Gedanken. Wenn du einen Korb öffnest und es kriechen zwei Schlangen und eine Eidechse heraus, dann kümmerst du dich zunächst nur um die Schlangen, oder?"

„Und meine Mutter?" Meggie konnte nur flüstern. Sie war es nicht gewohnt, das Wort auszusprechen.

Mo sah sie an. „Ich konnte sie nirgends entdecken! Du knietest immer noch zwischen deinen Büchern und starrtest mit großen Augen die fremden Männer an, wie sie da standen mit ihren schweren Stiefeln und ihren Waffen. Ich hatte furchtbare Angst um euch, aber zu meiner Erleichterung

schenkten weder Basta noch Capricorn dir irgendwelche Beachtung. ‚Schluss mit dem Gerede!', sagte Capricorn schließlich, als ich mich immer mehr in meinen eigenen Worten verhaspelte. ‚Es interessiert mich nicht, wie ich an diesen armseligen Ort gekommen bin, bring uns auf der Stelle zurück, du verfluchter Zauberer, oder Basta schneidet dir deine geschwätzige Zunge aus dem Mund.' Das klang nicht gerade beruhigend und ich hatte in den ersten Kapiteln genug über die zwei gelesen, um zu wissen, dass Capricorn meinte, was er sagte. Mir wurde schwindelig, so verzweifelt überlegte ich, wie ich diesen Alptraum beenden könnte.

Ich hob das Buch auf, vielleicht, wenn ich die Stelle noch mal las … ich versuchte es. Ich stolperte durch die Worte, während Capricorn mich anstarrte und Basta das Messer aus dem Gürtel zog. Nichts passierte. Die beiden standen da, in meinem Haus, und machten keine Anstalten, in ihre Geschichte zurückzuschlüpfen. Und plötzlich war ich ganz sicher, dass sie uns töten würden. Und ich ließ das Buch fallen, dieses unglückselige Buch, und hob das Schwert auf, das ich auf den Teppich geworfen hatte."

Lesen ist gefährlich!

1. Was tat Mo jeden Abend?

   _____

2. Wer sind Folletti? Gib eine kurze Beschreibung.

   _____

   _____

   _____

3. Was sah Meggi, wenn Mo erzählte?
   Markiere im Text.

4. Wer ist Mo?

   ☐ ein Kobold
   ☐ König Artus' Ritter
   ☐ Meggies Vater
   ☐ ein Held

5. Aus welchem Buch las Mo seiner Frau vor?

   _____

   _____

6. Was erfährst du über dieses Buch?
   Markiere im Text.

7. Was war mit Meggies Mutter geschehen?

   _____

   _____

8. Was war passiert, als Mo anfing, das siebte Kapitel zu lesen?
   Fasse mit eigenen Worten zusammen.

   _____

   _____

   _____

   _____

G. Saliba: Lesekompetenz steigern, Bd. 2
© Persen Verlag

Lesen ist gefährlich!

9 Welche Fantasiefiguren treten in die Welt der beiden ein?
Markiere im Text, was über sie geschrieben wird.

10 Was meint Mo damit:
*Wenn du einen Korb öffnest und es kriechen zwei Schlangen und
eine Eidechse heraus, dann kümmerst du dich zunächst um die Schlangen.*
Schreibe deine Erklärung auf.

_____

_____

_____

_____

_____

_____

11 Was hat Mo und Meggie das Leben gerettet?

_____

_____

_____

12 Wie hatte Mo versucht, die Ereignisse rückgängig zu machen?

_____

_____

_____

Matt hat Angst

*In ferner Zukunft: Matt ist ein Klon, ein le-
bendes Organ-Ersatzteillager. Sein geneti-
scher Vater ist der mächtige Drogen-Baron
El Patrón. Als dessen Herz schwächer wird,
beginnt Matt zu ahnen, was seine Bestimmung ist …*

„Was soll ich tun? Was soll ich tun?", wisper-
te Matt und schlang die Arme um sich und
schaukelte in der Finsternis des geheimen
Ganges vor und zurück. Er liebte El Patrón.
Er wollte im Krankenhaus bei ihm sein und
über ihn wachen und ihm beistehen, damit
er wieder gesund wurde. Doch er erinnerte
sich auch daran, was Maria gesagt hatte,
dass sie wisse, woher El Patrón sein neues
Herz bekommen würde. *Und es ist böse!*

Und eine weitere Erinnerung drängte sich
ihm auf: Celia, die an seinem Anzug herum-
zupfte – damals, vor der Geburtstagsparty.
Wenn heute Abend irgendetwas Schlimmes
passiert, hatte sie zu ihm gesagt, dann will
ich, dass du geradewegs zu mir kommst. In
die Vorratskammer hinter der Küche.

Und dann Tam-Lins merkwürdige Worte
– vor noch längerer Zeit: *Ich sag dir was: El
Patrón hat seine guten und seine schlechten
Seiten. Ziemlich dunkel ist Seine Majestät
vor allem, wenn's um ihn selbst geht. Als er
jung war, hat er seine Wahl getroffen – wie
ein Baum, wenn er beschließt, in die eine
oder andere Richtung zu wachsen. El Patrón
ist groß und grün herangewachsen, bis er
den ganzen Wald überschattet hat, aber
die meisten seiner Zweige sind ziemlich ver-
dreht.*

So viele Hinweise! So viele Rätsel! Wie ein
Stein eine Lawine auslösen kann, so setz-
te Matts Angst nun eine immer größere
Flut von Erinnerungen frei. Warum hatte
Tam-Lin ihm diese Kiste voller Proviant, Bü-
cher und Karten überlassen? Warum war
Maria vor ihm davongelaufen, als sie im
Krankenhaus MacGregors Klon entdeckt

hatten? Weil sie Bescheid wusste. Sie alle wussten Bescheid! Seine Erziehung, seine gesamte Bildung – nur ein gewaltiges Täuschungsmanöver. Es kam nicht darauf an, wie intelligent er war, oh nein, letzten Endes zählte nur eines: *Dein Herz, mi vida, wie gesund und kräftig ist dein Herz?*

Und doch konnte Matt sich nicht sicher sein – jedenfalls nicht ganz.

Was, wenn er sich irrte? Was, wenn El Patrón ihn wirklich liebte? Matt sah den alten Mann vor sich. Sah ihn im Krankenhaus liegen und auf seinen Klon warten; auf den einzigen Menschen – das einzige Wesen –, das ihm einen flüchtigen Blick auf die eigene Jugend gewähren konnte. Matt rollte sich auf dem Boden des Tunnels zusammen, spürte die samtige Staubschicht, die sich im Laufe der Jahre an diesem dunklen, geheimen Ort angesammelt hatte. Er fühlte sich wie der Bewohner eines altertümlichen Grabmals – ein ägyptischer Pharao oder ein chaldäischer König. El Patrón liebte es, über die alten Zeiten zu sprechen.

Der Staub ließ Matt husten, und so setzte er sich auf und räusperte sich verstohlen. Er musste sich leise verhalten! Niemand durfte ihn finden, bis er nicht eine Entscheidung getroffen hatte. Er lehnte sich gegen die Wand, und die Dunkelheit ringsum entsprach der Dunkelheit in seinem Verstand. Was soll er tun? Was *konnte* er tun?

Plötzlich hörte er rasch näher kommende Schritte; er rappelte sich hoch und sah das Licht einer Taschenlampe aufblitzen und – dahinter – eine schmale, schemenhafte Gestalt. „Maria!", flüsterte er.

„Oh, dem Himmel sei Dank! Ich hatte schon Angst, du könntest dich irgendwo anders versteckt haben!", flüsterte sie zurück.

„Versteckt?"

„Sie suchen dich überall. Sie haben Celias Wohnung auf den Kopf gestellt, sie haben in jedem Zimmer des Hauses nachgesehen. Die Leibwächter durchkämmen sogar die Stallungen und Felder."

Matt nahm ihre Schattengestalt in die Arme und sah sie an. Ihr Gesicht war tränenüberströmt. „Warum suchen sie nach mir?"

„Das weißt du doch. Du *musst* es wissen. Tam-Lin hat gesagt, dass du viel zu clever bist, um es nicht längst herausgefunden zu haben."

Matt schluckte. Der Leibwächter hatte ihn überschätzt; er hatte es nicht herausgefunden … oder einfach ein bisschen zu spät.

„Alle erwarten jetzt von mir, dass ich einen hysterischen Anfall bekomme. Emilia sagt, es sei immer dasselbe mit mir. Hysterisch, hysterisch. Sie behauptet, es gebe keinen Grund, sich aufzuregen. Du seist nur so etwas Ähnliches wie Fellball, aber da täuscht sie sich! Du bist so viel, viel mehr!"

Normalerweise hätten ihn Marias Worte verzaubert; doch diese Situation war zu grauenvoll, um auch nur die geringste Empfindung von Glück zuzulassen.

Hier kannst du weiterlesen

Nancy Farmer

Das Skorpionenhaus

Matt hat Angst

1. Was erfährst du über El Patrón?
   Markiere im Text.

2. Wo versteckt Matt sich?

3. Worauf wartet El Patrón?
   Mehrere Antworten sind möglich.
   ☐ auf die Jugend
   ☐ auf den Arzt
   ☐ auf seinen Klon
   ☐ auf ein neues Herz
   ☐ auf Matt

4. Was ist *ein gewaltiges Täuschungsmanöver*?

5. Wovor hat Matt Angst? Welchen schlimmen Verdacht hegt er?

6. Drei Erinnerungen machen Matt Angst.
   Schreibe sie auf.

7. Fasse die wesentlichen Aussagen des Textes zusammen.
   Welche Botschaft will der Text vermitteln?

8. Wie geht die Geschichte weiter?
   Schreibe sie auf.

 In der Öffentlichkeit wird immer wieder über das Klonen
von Menschen diskutiert.
Welche Meinung hast du dazu?
Diskutiert.

G. Saliba: Lesekompetenz steigern, Bd. 2
© Persen Verlag

Joslin hat Angst

Finsteres Mittelalter im Jahre 1368: Der junge Franzose Joslin de Lay ist auf der Flucht vor den Mördern seines Vaters. Seine aufregende Reise führt ihn bis vor die Tore Londons. Auch hier geschehen mysteriöse Morde. Er hat es mit einem mächtigen Gegner zu tun, der einen Pakt mit dem Teufel geschlossen hat …

Joslin stieß einen Schrei der Erleichterung aus.

Seine Schlafgenossen fuhren hoch. Nach dem ersten Schreck begannen sie zu murren. William zündete eine Laterne an. „Was ist denn diesmal passiert, Joslin?", wollte er wissen.

„Dasselbe wie letzte Nacht", antwortete Joslin immer noch arg mitgenommen.

„W-wo ist dein Angreifer dann?", kam von John.

William hob die Laterne. „Die freien Betten sind leer", sagte er. „Hier verbirgt sich keiner. Du hast geträumt, Joslin."

„Das war kein Traum!", verteidigte sich Joslin. „Wer immer es war, ist nach unten gerannt!"

„Dann renn doch hinterher!", knurrte Alexander. „Und komm nicht wieder, falls du dich nicht für den Rest der Nacht ruhig verhalten kannst!"

„Zumindest weiß ich jetzt, dass es von euch keiner war", gab Joslin zurück.

Die restliche Nacht war es still auf Randolfs Anwesen. Nichts regte sich, das die Ruhe störte. Doch draußen, kurz vor Morgendämmerung, sah es anders aus. Auf der Straße ging etwas vor sich, das bald sämtliche Hausbewohner aufs Höchste verstören würde.

Joslin erwachte schon früh. Licht fiel durchs Fenster herein. Etwas hatte ihn aufgeweckt. Aber was?

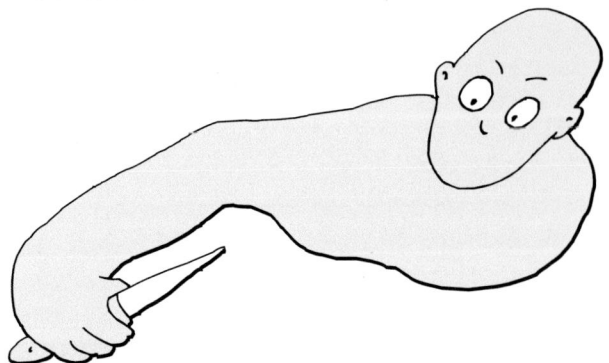

Ja, jetzt wusste er es. Unten in der Werkstatt war jemand tätig. Wulfrum stellte den Leim für die Arbeit in der Kirche her. Der widerliche Geruch kochender Fischköpfe stieg durch die Dielenritzen herauf. Die anderen Lehrlinge waren daran gewöhnt und schliefen weiter. Für Joslin jedoch war der Gestank wie eine persönliche Beleidigung.

Er brachte auch einen Gedanken zurück, der ihn seit gestern plagte: Irgendetwas – es hatte mit dem Herstellen von Leim zu tun – ergab keinen Sinn und stand im Widerspruch zum Rest. Er grübelte, doch der Geistesblitz blieb aus. Er legte sich auf das piksende Strohkissen zurück. Lass dir Zeit, dachte er. Es wird dir schon noch einfallen.

Die Lehrlinge kletterten aus den Betten, zogen sich an und richteten ihre Kammer, bis sie der Inbegriff von Ordnung war. Um des lieben Friedens willen tat es ihnen Joslin nach.

Dann stürmten sie nach unten zu ihrem einfachen, aus Brot, Käse und Bier bestehenden Frühstück. Anschließend beluden sie den Karren für den Gang zur Gracechurch Street. Heute begleitete sie auch William, der die Tafel der Jungfrau Maria fertig gestellt hatte. Neben Farben, Pinseln und allerlei Werkzeug belud man das Gefährt mit einem Eimer, aus dem stinkende Blasen emporstiegen und der genauso viel Leim enthielt, wie man zum Befestigen der Tafel brauchte. Nicht mehr und nicht weniger. Zuletzt kam die Altartafel selbst, sorgfältig in Sackleinen eingehüllt.

Joslin sah zu. Perkin war wirklich hässlich. War er auch harmlos? Konnte er der nächtliche Eindringling gewesen sein? Oder Herry? Joslin musterte ihn. Klein, blond, gutmütig – und, es ließ sich nicht leugnen, mit leerem Blick. Nein, der konnte keine Drohungen ausstoßen und einem im Dunkel der Nacht ein Messer an die Kehle halten. Da war auch dieser griesgrämige, wortkarge Wulfrum. Heute machte er einen ganz anderen Eindruck.

Hier kannst du weiterlesen

Dennis Hamley

Die Abenteuer des Joslin de Lay. Der Pakt mit dem Teufel

G. Saliba: Lesekompetenz steigern, Bd. 2
© Persen Verlag

Joslin hat Angst

1. Wovor hat Joslin große Angst?

_____

_____

2. Warum stößt Joslin einen Schrei der Erleichterung aus?

_____

_____

3. Was hat Joslin so früh geweckt?

_____

_____

4. Was macht Joslin so sicher, als er sagt:
   Zumindest weiß ich jetzt, dass es von euch keiner war.
   Begründe deine Meinung.

_____

_____

5. Was macht Wulfrum in der Werkstatt? Woran wird Joslin dadurch erinnert?

_____

_____

6. Was machten die Lehrlinge nach dem Aufstehen?

   1. _____

   _____

   2. _____

   _____

   3. _____

   _____

   4. _____

   _____

Joslin hat Angst

7 Womit wird der Karren beladen?

_____

_____

8 Was wollen sie an diesem Tag erledigen?

☐ Tafel der Jungfrau Maria fertig stellen
☐ die Altartafel befestigen
☐ Farben, Pinsel und allerlei Werkzeug abladen
☐ die Altartafel in Sackleinen einhüllen
☐ Leim herstellen

9 Was erfährst du über diese Figuren?
Notiere. Stichworte.

Wulfrum _____

William _____

Perkin _____

Herry _____

10 Wovor hat Joslin solche Angst?

_____

_____

11 Wann hat Joslin gelebt?
Stelle Vermutungen an und belege diese mit Textstellen.

_____

_____

_____

_____

_____

G. Saliba: Lesekompetenz steigern, Bd. 2
© Persen Verlag

Misshandelt

Jamaika im Jahre 1722. Die Engländerin Nancy ist hier, um ihre Familie vor dem wirtschaftlichen Ruin zu retten. Sie soll den reichen und grausamen Plantagenbesitzer Bartholome heiraten. Auf der Plantage ihres Vaters arbeitet Minerva, eine junge Sklavin, mit der sich Nancy anfreundet ...

Niemand kam uns entgegen und alles war ruhig, als wir die Plantage erreichten. Das Haus war dunkel. Ich wunderte mich darüber, dass nirgends ein Licht brannte, und rief nach Phillis oder Minerva, doch alles blieb still. Ich schlug einen Funken am Feuerstein, zündete selbst eine Kerze an und machte mich auf die Suche nach den beiden. Normalerweise blieb immer entweder die eine oder die andere nachts im Haus, falls wir irgendetwas brauchten, und eigentlich hatte ich vermutet, von beiden empfangen zu werden, denn wir hatten nicht vorgehabt, auf der Plantage des Brasilianers zu übernachten. Ich hatte keine Vorahnung. Ich fand es bloß ungewöhnlich, auf eine Weise unzuverlässig, die ihnen nicht ähnlich sah. Vielleicht überlegte ich sogar auf dem Weg in die Küche, sie sanft zurechtzuweisen.

Dort fand ich Phillis am Tisch, reglos im Mondschein wie eine Statue aus Eisenholz.

Sie rührte sich und wandte sich dem Schein der Kerze in meiner Hand zu. Ihre Miene veränderte sich, als sie mich sah, die Augen weiß in der Dunkelheit. Sie sah mich an wie ein Gespenst.

„Was ist das da an Eurem Hals?"

Ich berührte Bartholomes Rubinhalskette. Ich trug sie noch immer.

„Ein Geschenk des Brasilianers." Ich hielt inne. „Er will mich heiraten."

„Das weiß ich von Duke." Sie senkte die Stimme und murmelte: „Sieht aus, als hätte Euch jemand die Kehle durchgeschnitten. Ich habe schon den Tod hinter Euch gesehen. Ich dachte, Ihr wärt als Geist zurückgekehrt."

Sie wollte sich erheben und auf mich zukommen, doch ihr Arm zitterte über dem Tischrand und fiel wieder zurück, als ob die

Anstrengung zu viel für sie wäre. Sie hatte immer so stark, unermüdlich und unbesiegbar gewirkt. Ihre plötzliche Schwäche alarmierte mich. Schnell stellte ich die Kerze ab und ging zu ihr, um zu sehen, was ihr fehlte. Ihre Hand krampfte sich um den Ausschnitt ihres Nachtkleides. Erst jetzt sah ich, dass es vorne und hinten zerrissen war und die Fetzen herunterhingen wie zwei blutbeschmierte Flaggen.

Mit einer langsamen, schmerzhaften Bewegung wollte sie sich von mir wegdrehen, als ob sie sich schämte, so gesehen zu werden.

„Wer hat dir das angetan?", fragte ich, als ob die Antwort nicht längst klar wäre.

„Duke hat mich ausgepeitscht."

„Warum?"
„Aus Spaß. Weil es ihm Vergnügen bereitet." Sie berührte ihren Kopf, wobei sie sich verzweifelt über die Augenlider strich. „Kümmert Euch nicht darum, Miss Nancy. Es hat nichts mit Euch zu tun."

Das würde immer noch ich entscheiden, ob es etwas mit mir zu tun hatte oder nicht. Ich spürte, wie die Wut in mir aufflammte, angeregt durch all die Dinge, die ich gesehen hatte, seit ich in diesem herrlichen, verheerenden Land lebte. Ich spürte, wie die Wut in mir ausbrach, während ich mit der Kerze nahe an sie herantrat, um zu sehen, was er getan hatte. Die Narben auf ihrem Rücken waren nicht neu. Frische Striemen zogen sich im Zickzackmuster über ihren Rücken, wo sich die Haut zu Wucherungen aufwarf,

so uneben und schroff, dass es gar nicht mehr nach Haut aussah, sondern eher wie ein Dornenkranz.

„Wo steckt er?"

„In seinem Haus." Phillis blickte zu mir hoch. Sie hatte alles ertragen, man hatte sie niemals weinen sehen, doch jetzt liefen ihr die Tränen übers Gesicht. „Er hat Minerva mitgenommen. Ich habe versucht, ihn aufzuhalten, aber ..."

„Hat er dich deswegen ausgepeitscht?"

„Ja. Aber Ihr könnt nichts dagegen tun, Miss Nancy. Am besten mischt Ihr Euch gar nicht erst ein. Ihr bringt Euch nur in Schwierigkeiten. Ihr seid bald eine verheiratete Frau ..."

Dann versagte ihr die Stimme. Ihre Augen zuckten, während sie den Blick abwandte, als ob sie meinen Anblick nicht mehr ertragen könne.

Als ich ging, saß sie da und starrte in die gleichmäßige Flamme der Kerze. Noch immer steckte die Pistole in meiner Schärpe, und ich lächelte beinahe, als sich meine Hand enger um den hölzernen Griff legte. Wie oft hatte ich inzwischen gehört, ich könne nichts tun?
Na, das würden wir ja sehen ...

G. Saliba: Lesekompetenz steigern, Bd. 2
© Persen Verlag

Misshandelt

1 Wann und wo spielt diese Geschichte?
Begründe deine Meinung mit den entsprechenden Textstellen.

2 Wo lebt Nancy?
Beschreibe es möglichst genau.

3 Wer sind Phillis und Minerva?

4 Was ist mit den beiden passiert?

5 Warum ist Nancy so aufgebracht?

6 Nancy hat eine Pistole. Was könnte sie vorhaben?

7 Wie endet wohl die Geschichte?

1. Schreibe Stichworte auf.

2. Trage den Fortgang der Geschichte mündlich vor.

8 Finde eine Schlagzeile für die Zeitung zu diesem Vorfall.

Krieg ist auch im Kopf

Naomi, ein 12-jähriges jüdisches Mädchen, ist mit ihrer Mutter aus Frankreich nach New York geflohen. Sie steht unter Schock, seit sie miterleben musste, wie ihr Vater von den Deutschen erschlagen wurde. Alan wird gebeten, sich um sie zu kümmern …

Naomi legte die Arme um ihre Knie und starrte in Gedanken versunken auf den Boden. Der Wind blies ihr eine Haarsträhne über die Wange. Mit ihren schwarzen Augen und dem schmalen, dunkel getönten Gesicht sieht sie richtig schön aus, dachte Alan. Wo hatte er dieses Gesicht nur gesehen? Er konnte sich nie dran erinnern.

„Ja, sie sind tot", sagte Naomi nach einer langen Pause. „Ich glaube es."

„Vielleicht siehst du sie wieder, weißt du, wenn der Krieg vorbei ist", sagte Alan schnell.

„Der Krieg ist vorbei."

„Nein … Ich meine, jetzt dauert's nicht mehr lange. Unsere Truppen stehen schon auf deutschem Boden."

„Ah oui." Sie sagte es völlig ausdruckslos.

„Sollen wir vielleicht über etwas anderes reden?", fragte Alan.

„Ich habe meinen Vater getötet, weißt du." Die Wörter kamen auf ihn zu und umklammerten ihn wie eine giftige Schlange. Er hatte Angst, etwas zu sagen. In so einem Augenblick ist jedes Wort verkehrt.

„Ich … ich …" Sein Denken setzte aus. Es war ihm klar, dass er stotterte. Sie war also doch verrückt. „Ich … hab gedacht, es waren die Nazis?"

„Ah oui."

„Stimmt's nicht?"

„Aber ich habe geholfen."

„Na … Naomi, das ist doch nicht wahr."

„Ich lüge? Wie weißt du? Sag mir. Du warst dabei? Du warst dabei?"

„Nein … nein …"

„Alle die Pläne. Ich habe ihn getötet, mit den Plänen. Verstehst du? Alle die Pläne. Die Pläne." Mit aufgerissenen Augen saß sie da. Ihre Fäuste schlossen sich und öffneten sich, während sie sprach.

Nerven behalten, dachte Alan. Du Blödmann, behalt jetzt bloß die Nerven. Locker. Bleib ganz locker. Aber sie sieht schon … sie sieht schon etwas gestört aus. Richtig gestört.

G. Saliba: Lesekompetenz steigern, Bd. 2
© Persen Verlag

„Naomi, ich … ich verstehe es nicht. Die Pläne und all das. Brauchst es ja auch nicht zu sagen. Nur, Naomi, bitte, bitte … Ist doch alles gut jetzt. Nimm's nicht so schwer … bitte."

Naomi sah starr geradeaus, an Alan vorbei, auf einen Punkt in ihrer Erinnerung.

„Mein Vater. Er sagte: ‚Zerreißt alle Pläne!' Von der Kanalisation. Sie gingen durch die Kanäle. Die Soldaten der Résistance, vom Widerstand. Mein Vater machte die Pläne. Von den Kanälen in Paris. Er sagt: ‚Ihr müsst die Pläne zerreißen!' Ich … ich … Dann in der Nacht. Die Soldaten vom Widerstand. Sie greifen die Gestapo an in der Nacht. Aber die Nazis, sie entdecken es. Mein Vater macht die Pläne. Sie entdecken es. Und

sie kommen. Sie kommen. Sieh nur. Zwei Lastwagen in der Straße. Mein Vater sagt: ‚Zerreißt die Pläne. Naomi, zerreiße die Pläne. In die Toilette und ziehen. Zerreißt die Pläne!' Wir reißen. Wir reißen. Unsere Fingernägel, sie brechen. Unsere Hände – voll Blut. Ich reiße, ich kaue, ich esse Pläne. Es geht nicht mehr. ICH KANN NICHT. ICH KANN NICHT MEHR. Aber die Nazis, sie sind vor der Tür. ‚Vite! Vite! Reißt! Reißt! Reißt! Schneller! Schneller!' Er stößt mich unter das Bett. Dann, sie schlagen an die Tür. Sie brechen durch die Tür … Sieh nur. Sie schlagen ihn mit Knüppel. Sie schlagen ihn auf den Boden. Sein Kopf ist voll Blut. Überall Blut. Blut unter dem Bett. Überall. Überall. Blut … Ich reiße. Ich reiße die Pläne. Ich reiße nicht genug. Nein. Nicht genug. Ich konnte nicht … Sie gehen. Sie sind weg. Die Nazis sind weg. Hör nur … So still. Pst. So still. Vielleicht, alles ist gut? Vielleicht, er schläft nur, mein Vater? … Dann sagt er, ganz schwach: Naomi! Er sagt: Naomi. Naomi. Naomi. Und er schläft ein. Ich versuche ihn zu wecken. ER ist TOT. ER IST TOT. ICH REISSE, ICH REISSE, ICH REISSE. NICHT GENUG! NICHT GENUG!" –

„Naomi, hör auf! Du konntest doch nichts machen. Hör auf! Es waren Nazis. Die Nazis. Naomi! Du kannst doch nichts dafür!"

Alan legte seine Hand auf ihre Schulter, dann auf ihren Kopf, sanft wie sein Rabbi, als der ihm den Segen erteilte.

Krieg ist auch im Kopf

1 Was erzählt Naomi über ihren Vater?

_____

_____

2 Welche Pläne hatte Naomis Vater?

_____

_____

3 Wer ist Schuld am Tod von Naomis Vater?

_____

_____

_____

4 Warum wurde ihr Vater umgebracht?

_____

_____

_____

5 Welche Wirkung hatte dieses Erlebnis auf Naomi?

_____

_____

_____

6 Warum denkt Alan, dass Naomi vielleicht doch verrückt ist?
  ☐ weil sie in Gedanken versunken auf den Boden starrt
  ☐ weil sie glaubt, dass der Krieg vorbei ist
  ☐ weil sie sagt, sie hätte ihren Vater getötet
  ☐ weil sie ihn mit ihren Plänen getötet hat
  ☐ weil sie Pläne isst

7 Was ist mit dieser Aussage gemeint:
  Die Wörter kamen auf ihn zu und umklammerten ihn wie eine giftige Schlange.
  Erkläre mit eigenen Worten.

_____

_____

G. Saliba: Lesekompetenz steigern, Bd. 2
© Persen Verlag

Krieg ist auch im Kopf

8 Zu welcher Zeit ereigneten sich diese schrecklichen Vorfälle?

_____

_____

9 Erkläre mit eigenen Worten.
Wörter, die du nicht kennst, schlage im Wörterbuch/Lexikon nach.

Nazi _____

_____

Résistance _____

_____

Gestapo _____

_____

Rabbi _____

_____

Diskutiert in der Gruppe:

1. Warum glaubt Naomi, Schuld am Tod ihres Vaters zu sein?
2. Teilt ihr ihre Meinung?
3. Wie könnte man Naomi helfen?

_____

_____

_____

_____

_____

_____

_____

_____

Recht und Ordnung?

Die ersten Siedler in Amerika sind nicht zimperlich, wenn es um die Indianer geht. Das muss Jane, deren Erlebnisse hier erzählt werden, immer wieder feststellen. Ausgerechnet ihr Ex-Verlobter William spielt bei einer Gerichtsverhandlung eine unrühmliche Rolle …

„Wir sind hier heute zusammengekommen", begann William mit übereinander gelegten Händen, „um über eine Angelegenheit zu beraten, die Mr und Mrs Dodd zur Sprache gebracht haben. Sie sind der Ansicht, dass Katy, M'Cartys Tochter, von ihrer Mutter getrennt und von jemandem aus der Stadt aufgezogen werden sollte. Mrs Dodd, möchten Sie Ihre Gründe darlegen?"

„Sicher möchte ich das", sagte Mrs Dodd mit entschlossener Miene.

Wichtigtuerisch stelzte Mrs Dodd zu dem leeren Stuhl vorn und setzte sich. „Es ist eine Sache, dass wir in der Nähe von Wilden leben und sogar mit ihnen zusammenarbeiten müssen", sagte Mrs Dodd und starrte Cocumb an.

Cocumb starrte zurück.

„Es ist aber etwas ganz anderes, wenn man zulässt, dass ein weißes Kind von einer Wilden aufgezogen wird. Das ist Unrecht. Das Mädchen sollte von den eigenen Leuten erzogen werden."

Leises Murmeln der Zustimmung stieg aus dem Publikum auf.

Mr Russell ging nach vorn und setzte sich auf den Stuhl, den Mrs Dodd wieder geräumt hatte. Er spie Tabaksaft, der feucht klatschend zu Mrs Dodds Füßen landete.

„M'Carty liebte Cocumb. Und er liebte ihr Volk", sagte er. Cocumb lächelte ihn dankbar an.

Er schaute auf Katy. „Und er war geradezu vernarrt in seine Tochter. Er hätte auf keinen

G. Saliba: Lesekompetenz steigern, Bd. 2
© Persen Verlag

Fall gewollt, dass sie ihrer Mama weggenommen würde."

„Aber da wird ihre Erziehung vernachlässigt!", keifte Mrs Dodd.

„Dieses kleine Mädchen ist blitzgescheit. Sie spricht Englisch und den Jargon. Und Sie? Wer sind Sie, dass Sie von erziehen sprechen? Wie ich sehe, haben Sie keine eigenen Kinder. Sie haben vermutlich keine Ahnung, was das ist, eine Mama sein. Wie viele Sprachen sprechen Sie?"

Mrs Dodd wurde blass.

„Und ihr alle: Warum kümmert ihr euch nicht um eure eigenen Probleme?"

Mr Russell stand auf und kehrte auf seinen Platz im Publikum zurück.

Cocumb richtete sich kerzengerade auf und ging wie eine Königin zum Zeugenstuhl.

„Mein Mann ist tot", sagte Cocumb mit klarer Stimme. „Ich habe nur noch meine Tochter. Meine hübsche Katy. Sie ist halb Chinook, halb Weiße. Wenn Sie es genau wissen wollen: Ich habe vor, sie so zu erziehen, dass sie die Bräuche beider Völker kennenlernt."

„Wieso hören wir uns eine indianische Wilde an?", blaffte Mrs Dodds Mann.

„Ich bin ihre Mutter", sagte Cocumb sehr ruhig.

„Danke, Cocumb", sagte Mr Swan und half ihr auf ihren Platz zurück.

Mr Swan atmete tief durch und ließ den Blick durch den Raum schweifen. „Ich bin immer der Ansicht gewesen, dass Mütter am besten ausgestattet sind, für ihre Kinder zu sorgen. Ich glaube nicht, dass irgendwer in diesem Raum in diesem grundlegenden Punkt anderer Meinung ist. Es gibt keine gesetzliche Grundlage für den Plan, Katy von Cocumb zu trennen. Sie sollte bei ihrer Mutter bleiben, wo sie hingehört."

Stille senkte sich über den Raum.

„Es ist gut, Mr Swan", sagte William. „Ich stelle fest, dass Ihre Argumente nichts Wesentliches zu diesem Problem beitragen."

„Es ist eine Frage von Gesetz und Recht, Sir", polterte Mr Swan.

William zog unbeeindruckt eine Augenbraue hoch. „Ach ja? Was für ein Gesetz? Ich glaube, diese Angelegenheit fällt unter meine Gerichtsbarkeit als Friedensrichter. Wie M'Carty einst gesagt hat: Wir kümmern uns selbst um Recht und Ordnung."

Recht und Ordnung?

1 Wer ist Katy?
- ☐ eine Wilde
- ☐ eine Weiße
- ☐ halb Indianerin, halb Weiße

2 Wer ist Cocumb?
- ☐ eine Zeugin
- ☐ Katys Mutter
- ☐ eine weiße Siedlerfrau

3 Was kann Katy?
- ☐ Sie spricht kein Englisch.
- ☐ Sie spricht Jargon.
- ☐ Sie spricht fließend Deutsch.
- ☐ Sie spricht mehrere Sprachen.

4 Mit wem war Cocumb verheiratet? _____

5 Mr und Mrs Dodd wollen Katy zu sich nehmen.
1. Welche Gründe haben sie?

_____

_____

2. Schreibe deine eigene Meinung dazu auf.

_____

_____

_____

6 Später wird im Buch deutlich, dass das Ehepaar Dodd das Mädchen
als billige Arbeitskraft missbraucht.
Wie beurteilst du vor diesem Hintergrund die Gerichtsverhandlung?

_____

_____

7 Spielt die Szene in der Klasse nach.
Versucht dabei, euch in die Personen hineinzuversetzen.
1. Wo spielt diese Szene?
2. Welche Personen sind daran beteiligt?
3. Welche Meinung haben sie? Mach dir Notizen.

Diskutiert:
1. Ist es richtig, dass die Tochter eines Weißen ihrer indianischen Mutter
weggenommen wird?
2. Steht der Friedensrichter über dem Gesetz?

G. Saliba: Lesekompetenz steigern, Bd. 2
© Persen Verlag

Paris

Europa um 1830. Tobias Heller und sein Freund Sadik sind auf der Flucht vor den Häschern des Grafen von Zeppenfeld. Tobias' wertvoller und umkämpfter Ebenholzstock ist nur der erste Schlüssel zu einem kostbaren Geheimnis. Sie erreichen Paris, eine in vieler Hinsicht erstaunliche Stadt ...

Der beißende Qualm der Feueressen und der bestialische Gestank der Siedereien, die sie auf ihrem Weg durch die östlichen Außenbezirke der Stadt passiert hatten, waren nur ein Vorgeschmack dessen gewesen, was sie im Zentrum von Paris erwartete.

Kaum hatten sie den stinkenden Kanal Saint Martin überquert, einen der wichtigsten Transportwege im Osten der Stadt, da hatte das unüberschaubare Häusermeer mit seinem Gassenlabyrinth sie regelrecht verschluckt und der chaotische Verkehr sie mitgerissen wie ein reißender Strom ein Stück Treibholz.

Sadik zeigte sich von dem Menschengewimmel im Gewirr ineinander verschlungener Häuserschluchten, die oftmals sechs Stockwerke und höher reichten, sowie dem unbeschreiblichen Lärm, Dreck und Gestank nicht im Mindesten beeindruckt. Derartige Zustände kannte er von Kairo her. Doch Tobias war zutiefst verstört und enttäuscht. Das Bild einer prächtigen Weltmetropole, das er sich von Paris gemacht hatte, zerstob im Angesicht der schockierenden Wirklichkeit wie eine Seifenblase.

Die einzige große Stadt, die er bisher gekannt hatte, war Mainz gewesen und das geschäftige Treiben auf den Straßen dort hatte ihn jedes Mal in Erstaunen versetzt. Doch im Vergleich zu Paris erschien ihm Mainz nun wie ein beschauliches Dorf.

Das Schlimmste war der durchdringende Gestank, der aus den Abwässerkanälen drang und von dem Unrat aufstieg, der sich überall auf den Straßen befand. Die Wasserrinnen, die leicht abgesenkt in der Mitte des Straßenpflasters verliefen, waren vielerorts von Dreck, Abfällen und Fäkalien verstopft, die in der Hitze des Julitages gen Himmel stanken. Blut aus Metzgereien und Abdeckereien bildete hier und da vor den Häusern Lachen oder floss quer über das Pflaster aus unregelmäßig geformten Sandsteinen und vermischte sich mit dem anderen Unrat in der Wasserrinne.

Und niemand schien daran Anstoß zu nehmen. Zwischen all diesem Dreck wimmelte es von Müßiggängern, fliegenden Händlern, eiligen Dienstboten, Bettlern, Straßenmusikanten, Prostituierten und herumstreunenden Kindern, Katzen und Hunden, während sich Kutschen, schwer beladene Fuhrwerke, Lastkarren und leichte Cabriolets gegenseitig die Straße streitig machten. Die leichten Einspänner, von jungen Männern in auffällig modischer Kleidung gelenkt, legten eine besondere Rücksichts-

losigkeit an den Tag. Sie kümmerten sich nicht um den Dreck und Kot, den ihre Räder hochspritzen ließen, und gaben auch nichts auf die Flüche und Drohgebärden, die ihnen nachgeschickt wurden. Die zahlreichen Schuhputzer- und Kleiderreiniger, auf die man an fast jeder Straßenecke traf, waren ein deutlicher Hinweis, wie sehr ihre Dienste in dieser Stadt vonnöten waren. Das galt auch für die sogenannten Groschenfechter und Schnäpper, die wie die Schuhputzer und Kleiderreiniger den verdreckten Straßen ihren Lebensunterhalt verdankten.

Wollte jemand die Straße überqueren, ohne sich Schuhe und Kleider zu beschmutzen, so eilten sie mit einer Laufplanke herbei, für deren Benutzung man einige Centimes zu entrichten hatte. Und wo noch nicht einmal eine Laufplanke genügte, um dem Dreck zu entgehen, nahm man einen Passeur in Anspruch, eine Art Fährmann, der seine Kunden huckepack über die Straße trug. Ein Geschäft, das besonders bei Regen blühte, wenn die Straßen einem ekelhaften Morast glichen, in den sich zusätzlich noch die rauschenden Fluten von den Wasserspeiern der Häuser ergossen.

Dass es ein Gesetz gab, demnach das Entleeren von Nachtgeschirren aus dem Fenster auf die Straße unter Strafe stand, kümmerte kaum einen. Immer wieder hörte man in den verwinkelten Gassen einen kurzen Warnruf, dem dann aus einem der oberen Stockwerke ein ekelhafter Guss aus einem Nachttopf folgte.

Tobias war angewidert von dem, was Augen und Nase zu ertragen hatten. Was ihm jedoch völlig unbegreiflich blieb, war in dieser verbauten Stadt mit ihrem noch mittelalterlichen Kern das Nebeneinander von Armut und Reichtum, von Dreck und Pracht, von Gestank und Wohlgerüchen.

Dass sich in unmittelbarer Nachbarschaft eines prächtigen Juwelierladens, in dessen Schaufenster glitzernde Geschmeide auslagen, ein Berg verfaulten Obstes auftürmte, schien weder den Juwelier noch seine zahlungskräftige Kundschaft zu irritieren. Das Gleiche galt für den Laden, in dem es Parfüm und Pomaden zu kaufen gab. Rotblaue Stoffbahnen hingen vom vierten Stockwerk bis über den Laden herunter, auf denen goldene Lettern auf dieses Geschäft der tausend Duftwasser und Tinkturen hinwiesen. Schlanke Pilaster und Rosetten aus Gusseisen schmückten den Eingang. Doch die Wohlgerüche, die aus diesem Geschäft auf die Straße drangen, reichten nicht weit. Gegen den Gestank der Innereien, die der Fischhändler zwei Türen weiter auf die Straße warf, und den stechenden Geruch, der den Kiepen der Lumpersammler entströmte kamen sie nicht an.

Dass überall ansehnliche Bürgerhäuser zwischen schmalbrüstigen, völlig verbauten und heruntergekommenen Gebäuden zu finden waren, steigerte Tobias' Verständnislosigkeit. Doch wohlhabende Bürger und arme Schlucker schienen in diesen Vierteln nicht nur Haus an Haus zu wohnen, sondern vielerorts sogar unter einem Dach! Denn elegant gekleidete Männer und Frauen, auf die eine Mietdroschke wartete, traten aus derselben Haustür wie der Krämer von nebenan sowie Dienstmädchen und Tagelöhner in abgerissener Kleidung.

G. Saliba: Lesekompetenz steigern, Bd. 2
© Persen Verlag

Paris

1 Erkläre mit eigenen Worten.
Du kannst ein Wörterbuch/Lexikon zur Hilfe nehmen.
Manche Erklärungen findest du auch im Text.

Abdeckerei _____

_____

Einspänner _____

_____

Groschenfechter _____

_____

Schnäpper _____

_____

Passeur _____

_____

Nachtgeschirr _____

_____

Fliegender Händler _____

_____

2 Teile den Text in drei Abschnitte und finde die passenden Überschriften dazu.

3 Was schockiert Tobias an Paris?

_____

_____

_____

_____

_____

_____

Paris

4 Warum ist Sadik längst nicht so von Paris beeindruckt wie Tobias?

_____

_____

_____

5 Was ist Tobias völlig unbegreiflich?
Fasse mit wenigen Sätzen zusammen.

_____

_____

_____

6 Zu welcher Zeit sah Paris so aus wie beschrieben?

_____

_____

_____

7 Weshalb gab es im damaligen Paris so viele Schuhputzer und Kleiderreiniger?

_____

_____

_____

8 Vergleiche: Paris damals – Paris heute.
Notiere Stichworte.

Paris damals	Paris heute

G. Saliba: Lesekompetenz steigern, Bd. 2
© Persen Verlag

QUELLENVERZEICHNIS

Barron, T.A.: Der Merlin. Aus: T.A. Barron, **Merlin. Wie alles begann.** Aus dem Amerikanischen von Irmela Bender. © der deutschsprachigen Ausgabe: 1999 Deutscher Taschenbuch Verlag, München. In der Reihe: dtv junior extra. 387 Seiten (ISBN 3-423-70571-X)

Cann, Kate: Wochenendspiele? Aus: © Kate Cann, **Kopfsprung.** erschienen in deutscher Übersetzung von Ulli und Herbert Günther im C. Bertelsmann Kinder- und Jugendbuch Verlag, München, einem Unternehmen der Verlagsgruppe Random House GmbH. 221 Seiten (ISBN 3-570-30068-4)

Clarke, Julia: Familien-Konzert. Aus: Julia Clarke, **Summertime Blues.** Beltz & Gelberg in der Verlagsgruppe Beltz, Weinheim & Basel 2004. 246 Seiten (ISBN 3-407-80917-4)

Colfer, Eoin: Eine seltsame Hochzeit. Aus: Eoin Colfer, **Artemis Fowl.** Econ Ullstein List Verlag München 2001. 240 Seiten (ISBN 3-471-77251-0)

Egli, Werner J.: Pizza-Boy. Aus: © Werner J. Egli, **Heul doch den Mond an.** Erschienen im C. Bertelsmann Kinder- und Jugendbuch Verlag, München, einem Unternehmen der Verlagsgruppe Random House Reihe: omnibus. 221 Seiten (ISBN 3-570-27004-1)

Erkel, Gerda van: Schattenland. Aus: Gerda van Erkel, **ohne dich bin ich nur halb.** © Patmos Verlag GmbH & Co KG / Artemis & Winkler Verlag, Düsseldorf. 224 Seiten (ISBN 3-7941-7004-0)

Farmer, Nancy: Matt hat Angst. Aus: Nancy Farmer, **Das Skorpionenhaus,** © 2002 by Nancy Farmer © für die deutsche Ausgabe 2003 Loewe Verlag GmbH, Bindlach. 402 Seiten (ISBN 3-7855-4634-3)

Funke, Cornelia: Lesen ist gefährlich. Aus: Cornelia Funke, **Tintenherz.** Cecilie Dressler Verlag, Hamburg 2003. 566 Seiten (ISBN 3-7915-0465-7)

Gaarder, Jostein: Die letzte Nacht. Aus: Jostein Gaarder, **Das Orangenmädchen.** Aus dem Norwegischen von Gabriele Haefs © 2003 Carl Hanser Verlag, München-Wien. 188 Seiten (ISBN 3-446-20344-3)

Hamley, Dennis: Joslin hat Angst. Aus: Dennis Hamley, **Die Abenteuer des Joslin de Lay. Der Pakt mit dem Teufel.** © der deutschsprachigen Übersetzung von Ulla Neckenauer: 2001 Arena Verlag GmbH, Würzburg. 299 Seiten (ISBN 3-401-05207-1)

Hetmann, Frederik / Tondern, Harald: Der Überfall. Aus: Frederik Hetmann, Harald Tondern, **Die Nacht, die kein Ende nahm. In der Gewalt von Skins.** Copyright © 1994 by Rowohlt Taschenbuch Verlag GmbH, Reinbek bei Hamburg, Reihe: rororo rotfuchs. 125 Seiten (ISBN 3-499-20747-8)

Hjertzell, Maja: Der Schönheitswettbewerb. Aus: Maja Hjertzell, **verliebt in bella?** Erika Klopp Verlag, Hamburg 2004. 172 Seiten (ISBN 3-7817-0768-7)

Hohlbein, Wolfgang und Heike: Ein ungeheuerlicher Hahn. Aus: Wolfgang und Heike Hohlbein, **Midgard.** Eine phantastische Geschichte. Verlag Carl Ueberreuter, Wien 1987. 355 Seiten (ISBN 3-8000-2055-6)

Holm, Jennifer L.: Recht und Ordnung. Aus: Jennifer L. Holm, **Boston Jane. Das Haus an der Klippe** (Bd. 3). Cecilie Dressler Verlag, Hamburg 2003. 233 Seiten (ISBN 3-7915-0824-5)

Isau, Ralf: Das Jahrhundertkind. Aus: Ralf Isau, **Der Kreis der Dämmerung,** © 1999 by Thienemann Verlag (Thienemann Verlag GmbH), Stuttgart-Wien. Teil 1. 670 Seiten (ISBN 3-522-17555-7)

Jelloun, Tahar Ben: Fabrik statt Schule. Aus: Tahar Ben Jelloun, **Die Schule der Armen.** Deutsche Übersetzung von Christiane Kayser. Copyright © 2002 by Rowohlt Berlin Verlag GmbH, Berlin. Reihe: rororo rotfuchs. 95 Seiten (ISBN 3-499-21259-5)

Levoy, Myron: Krieg ist auch im Kopf. Aus: Myron Levoy: **Der gelbe Vogel.** © der deutschsprachigen Übersetzung von Fred Schmitz: 1981 Arena Verlag GmbH, Würzburg. 159 Seiten (ISBN 3-789-10705-0)

O'Sullivan, Emer / Rösler, Dietmar: Bei der Ausländerpolizei. Aus: Emer O'Sullivan, Dietmar Rösler, **I like you – und du?** Eine deutsch-englische Geschichte. Copyright © 1983 by Rowohlt Taschenbuch Verlag GmbH, Reinbek bei Hamburg. Reihe: rororo Rotfuchs. 92 Seiten (ISBN 3-499-20323-5)

Rees, Celia: Misshandelt. Aus: Celia Rees, **Piraten!** Berlin Verlag/Bloomsbury Kinderbücher & Jugendbücher, Berlin 2003. 380 Seiten (ISBN 3-8270-5004-9)

Schröder, Rainer M.: Paris. Aus: © 2002 Rainer M. Schröder, **Auf der Spur des Falken.** Erschienen im C. Bertelsmann Kinder- und Jugendbuch Verlag, München, einem Unternehmen der Verlagsgruppe Random House GmbH. 406 Seiten (ISBN 3-570-30034-X)

Ziegesar, Cecily von: Mailen statt reden. Aus: © Cecily von Ziegesar, **GossiP.Girl 5. Wie es mir gefällt.** erschienen 2005 in deutschsprachiger Übersetzung von Katarina Ganslandt im C. Bertelsmann Kinder- und Jugendbuch Verlag, München, einem Unternehmen der Verlagsgruppe Random House GmbH. 251 Seiten (ISBN 3-570-12852-0)

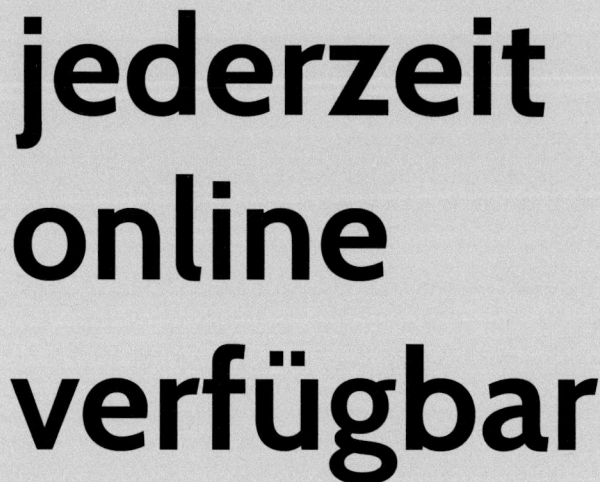